中国社会科学院院际合作系列成果·厦门

顾问：李培林　黄　强　主编：马　援　张志红

XIAMEN: STRATEGY AND PATH FOR
AN ALL ROUND OPENING UP POLICY UNDER
THE BELT AND ROAD INITIATIVE

"一带一路"倡议下厦门全方位对外开放策略与路径

黄平　等　著

社会科学文献出版社
SOCIAL SCIENCES ACADEMIC PRESS (CHINA)

中国社会科学院和厦门市人民政府
科研合作项目组

顾　问

　　李培林　中国社会科学院副院长

　　黄　强　厦门市委常委、常务副市长

丛书编委会主任

　　马　援　中国社会科学院科研局局长

　　张志红　厦门市发展和改革委员会主任

中国社会科学院总协调组

　　组　长：王子豪　中国社会科学院科研局副局长

　　成　员：孙　晶　中国社会科学院科研局科研合作处处长

　　　　　　任　琳　中国社会科学院科研局科研合作处干部

厦门总协调组

　　组　长：傅如荣　厦门市发展和改革委员会副主任

　　成　员：戴松若　厦门市发展研究中心副主任

"'一带一路'倡议下厦门全方位对外开放策略与路径"课题组

课题组组长：马　援（中国社会科学院科研局）

　　　　　　　孟　芊（厦门市发展和改革委员会、海沧区政府）

　　　　　　　张志红（厦门市发展和改革委员会）

　　　　　　　黄　平（中国社会科学院欧洲研究所）

课题组副组长：傅如荣（厦门市发展和改革委员会）

　　　　　　　田德文（中国社会科学院欧洲研究所）

课题组成员：陈顺龙（厦门市委党校）

　　　　　　戴松若（厦门市发展研究中心）

　　　　　　彭朝明（厦门市发展研究中心）

　　　　　　叶敏琦（厦门市发展和改革委员会）

　　　　　　林汝辉（厦门市发展研究中心）

　　　　　　方　昕（厦门市发展研究中心）

　　　　　　张金岭（中国社会科学院欧洲研究所）

　　　　　　赵　晨（中国社会科学院欧洲研究所）

　　　　　　魏南枝（中国社会科学院美国研究所）

　　　　　　张　超（中国社会科学院美国研究所）

　　　　　　张　起（国际关系学院）

　　　　　　谢　鹏（中国电子科学研究院管理研究中心）

序　言

厦门是一座美丽而富含文化底蕴的城市，素有"海上花园""海滨邹鲁"之称。作为我国改革开放最早的四个经济特区之一，三十多年来，厦门人民始终坚持先行先试，大力推动跨岛式发展，加快产业转型、城市转型和社会治理转型，深化两岸交流合作，努力建设美丽中国的典范城市和展现中国梦的样板城市，造就了厦门今天经济繁荣、文明温馨、和谐包容的美丽景象。

2014 年 11 月，按照习近平总书记密切联系群众、密切联系实际、向地方学习、向人民学习的要求，中国社会科学院院长、党组书记、学部主席团主席王伟光率中国社会科学院学部委员赴厦门调研。在这次调研中，中国社会科学院和厦门市人民政府签定了《战略合作框架协议》和《2015 年合作协议》，合作共建了"中国社会科学院学部委员厦门工作站"和"中国社会科学院国情调研厦门基地"。中国社科院与厦门市的合作在各个层级迅速、有序和高效地开展。通过一年的通力合作，双方通过中国社会科学院《要报》、中国社会科学院《国情调研报告》，以及其他渠道向中央报送了多篇对策报告，而摆在我们面前的这套丛书，正是 2015 年双方合作研究的结晶。

整套丛书由系列调研报告组成,其中:关于厦门自贸区政策研究和评估的调研报告,由中国社会科学院经济研究所副所长张平主持撰写,包括一个总报告和七个分报告。作者对厦门自贸区的机遇与挑战,实践评估与改革突破,及其带动"十三五"期间厦门城市转型升级的战略等,进行了比较深入的研究分析。该卷提出的"双重升级战略"及"五大支柱体系"建设创新性概念,具有前瞻性;对当前厦门自贸区改革创新和战略升级的评估比较符合实际,有助于理解未来尤其"十三五"期间厦门自贸区的发展目标和任务;对如何通过厦门自贸区升级战略带动厦门经济转型升级所提出的三方面政策建议,对当前厦门面临的"三个转型"具有决策参考作用。

关于厦门市城市治理体系和治理能力现代化的调研报告,由中国社会科学院工业经济研究所所长黄群慧领衔撰写。该卷着眼于我国推进治理体系和治理能力现代化的大背景,紧扣厦门地方城市治理这一主题,在梳理"美丽厦门 共同缔造"的愿景理念、行动目标的基础上,分别从政府治理、市场治理 、社会治理、信息化治理四个维度,阐释了"厦门模式",全面深入地分析了厦门的优势和不足,提出了许多可操作性的政策建议,对于未来厦门谋划城市治理工作具有一定的启发和参考意义。

关于"一带一路"建设下的厦门全方位对外开放策略的调研报告,由中国社会科学院欧洲研究所所长黄平牵头编撰。该卷作者以中国社会科学院欧洲研究所和美国研究所的学者为主,他们具有较好的国际视野和学术素养。作者在对厦门市以"一带一路"为契机着力开创对外开放新局面的情况进行全面调研之后,运用大量翔实数据和理论分析，以国际经验和国际合作的视角，从用开放促进产业升级和产能转移、构建智慧城市、深化对外人文交流和构建对台合作交流支点城市四个部分，详细阐述了厦门全方位对外开放的策略与途径，提出了包含"路线图"和"时间表"的实践路径，对厦门全方位对外开放具有较强的参考价值。

关于厦门市海沧区社会治理现代化、共同缔造与社会建设的调研报告，由中国社会科学院社会学研究所社会政策研究室主任王春光牵头。近年，厦门市海沧区在"美丽厦门 共同缔造"理念指导下，对一系列体制机制进行了探索与创新。课题组深入挖掘海沧区的实践案例，紧密结合海沧区的区域特色，对海沧经验进行提升和总结，并对进一步优化海沧区社会建设提出对策建议。课题组认为：海沧区推进的共同缔造，不仅仅是一种工作方法的改变，也不仅仅是公共资源配置机制的改革和创新，而且是一种社会建设；也就是通过共同缔造，改善社会关系和社会结构，提升社会和谐，建构一个美好的社会。所以，共同缔造与改革开放一样对当地的社会现代化有着重要的价值。在课题研究基础上形成的两部调研报告，其创新之处在于采用深度田野调研方法，通过深度解剖海沧区社会治理和社会建设，从社会组织、社区社会服务、流动人口社会融合等方面去探索共同缔造的价值和影响，并进一步研究在"强政府"格局下建设社会的可能路径和方法。

中国社会科学院和厦门市具有持续稳定的良好合作关系。1986年，时任厦门市委常委、常务副市长的习近平同志牵头组织编制《1985～2000年厦门经济社会发展战略》时，中国社会科学院专家就作为厦门市政府的"外脑"参与了编撰工作。这是中国经济特区中最早编制的经济社会发展规划，体现了习近平同志建设厦门特区的战略思想,至今对厦门人民全面实施《美丽厦门战略规划》具有重要的指导意义。此次双方继续深化合作,是中国社会科学院发挥国家级综合性高端智库优势作用,为地方决策提供高质量智力服务的一个体现。通过合作,厦门市可以为中国社会科学院学者提供丰富的社会实践资源和科研空间,能够使专家学者的理论研究更接地气,更好地推进我国社会科学理论的创新和发展,也能为厦门市科学、民主、依法决策提供科学的理论指导,使双方真正获得"优势互补"的双赢效果。

习近平总书记在哲学社会科学工作座谈会上指出:坚持和发展中国特色社会主义,需要不断在实践和理论上进行探索、用发展着的理论指导发展着的实践;广大哲学社会科学工作者要坚持人民是历史创造者的观点,树立为人民做学问的理想,尊重人民主体地位,聚焦人民实践创造。实践是创新的不竭源泉,理论的生命力也正在于创新。只有以我国实际为研究起点,才能提出具有主体性、原创性的理论观点和伟大作品。这套丛书尽管还有一些需要完善之处,但相信参与这套丛书调研与撰写的科研人员,会深刻感受到为人民做学问、依靠人民做学问的重要性,真正体验到做学问要密切联系群众,深入群众实践,从群众实践中汲取养分的重要性。正是厦门人民在全国率先推动"多规合一"立法、在全国率先实施"一照一码"等许多创新性实践,为我们这套丛书中的理论闪光点提供了深厚的社会实践源泉。对于厦门经验,我们中国社科院的专家学者远不及厦门的干部群众了解得多、掌握得准。在调研和写作过程中,我们自始至终得到厦门市委、市政府、发改委、发展研究中心、自贸片区管委会、金融办、台办、政务中心管委会、社科院、海沧区政府等许多单位的支持和帮助,得到许许多多厦门市专家和实际工作部门同志的指点。在此，向他们表示由衷的感谢和真诚的敬意。

祝愿中国社会科学院和厦门市在今后的合作中更加奋发有为、再创佳绩，推出更多更好的优秀成果。

中国社会科学院副院长

2016 年 8 月 23 日

内容提要

第一章 "一带一路"倡议背景分析

本章从国家对外发展及两岸关系、共建 21 世纪海上丝绸之路倡议的时代背景与所面临的挑战，以及厦门在"一带一路"倡议实施中的地位与作用等三个方面入手，对"一带一路"倡议的背景和厦门打造 21 世纪海上丝绸之路战略支点城市的必要性和重要性进行分析与阐释。

厦门在过去的发展实践中已经不同程度地贯彻了创新、协调、绿色、开放、共享等五大发展理念，特别是创新发展、"青山碧海、红花白鹭"的大花园城市战略和"美丽厦门、共同缔造"的共享式城市治理等所体现的软硬实力相结合的发展模式在东南沿海地区有着突出表现，形成将对台工作和 21 世纪海上丝绸之路建设工作相结合、将两岸关系战略支点和海上丝绸之路战略支点两项城市功能相融合的独特优势。

因此，建议厦门除了在现有基础上深入全面发展与"海丝"沿线重点国家之间的合作，还应当加快推进两岸城市间合作机制的先行先试，在厦门、金门区域融合发展方面取得新突破，将台湾地区的"中小企业、中青年和中下阶层"融入厦门建设"海丝"战略支点城市的进程之中,通过对台湾地区和"海丝"沿线国家与地区的"人的融合与吸纳",构建不同规模与框架的命运共同体,发挥厦门在推进"一带一路"倡议和对台工作中的双重战略支点作用。

第二章 厦门全面对外开放的愿景

本章从区域整合乏力和中等城市转型两个方面分析厦门构建全面对外开放新格局所面临的挑战,从城市转型与产业升级、融合"海丝"战略支点城市和对台合作交流支点城市两项职能来厘清厦门构建全面对外开放新格局的思路,并在此基础上构建厦门全面对外开放新格局的愿景。

经研究发现,因为其"五缘"因素,厦门在台湾民众和广大华侨华人群体中具有吸引力,可以沿着"美丽厦门、共同缔造"的共享式发展路径成为中国梦的典范城市,进而成为体现中国大陆制度优势与文化软实力等的窗口,形成对台湾和对 21 世纪海上丝绸之路沿线国家与地区的现代城市文化影响力。但是,厦门要实现上述使命,亟待突破目前土地资源瓶颈、突破现有行政区划的限制,加强厦门自身岛内外区域整合,推进厦漳泉区域一体化发展,以及增强厦门对整个福建省和中部省份的辐射力。

为此,首先需要进一步理顺厦门市作为计划单列市和福建省之间的关系,将厦门在全国一盘棋的定位和在福建省的定位二者进行更好的协调,也就是要在理顺"条块关系"过程中给厦门更大的政策自主性;其次,需要以厦门作为城市治理绩效评估的突破点,也就是不仅仅从 GDP 等硬实力进行指标化评价,而且从城市管理、经济、社会、文化和生态等多个维度进行综合性发展评估，厦门的城市转型要坚持对"人"的尊重这一厦门传统，将厦门的市民共同体建设作为主要抓手，建设对台、对外宣传的软实力代表城市，也就是在理顺"绩效评估"过程中给厦门更大的指标自主性；最后，需要将厦门的对台、"海丝"和自贸区等工作有机组合起来，突破部门利益，给厦门在上述方面更多制度性授权，也就是在理顺"简政放权"过程中给厦门更大的制度自主性，形成对台工作的软实力来源和中国对外软实力的一个重要范例。

第三章 以"一带一路"为契机，用开放促进产业升级

在"一带一路"新背景下，厦门的产业升级工作面临产业布局、发展方向和策略上的诸多新选项。目前厦门应将自己的对外开放功能定位为对台工作支点城市和海上丝绸之路枢纽城市"双轮驱动"。在产业发展方面，厦门需要拓宽思维，置身于"海丝"视域下研判自身优劣势。本章聚焦国家"一带一路"倡议给厦门产业发展带来的新契机，探讨如何以新的全方位开放促进厦门服务业和制造业双升级，提高产业国际竞争力；充分利用"海丝"沿线国家劳动力成本优势和经济增长潜力，与"海丝"沿线国家进行产能合作，扩大自己在新兴市场的份额，建设具有辐射作用的新型产学研商综合体；用"海上丝绸之路枢纽城市带"概念整合厦漳泉地区，以新形态的区域合作机制迎接挑战，实现跨越式发展。

第四章 融入"一带一路"倡议，构建厦门新型智慧城市

国家提出的"一带一路"倡议给身处改革开放前沿且信息产业十分发达的厦门带来了全新的发展机遇。厦门应以国家打造

"中国—东盟信息港"重要决策部署为契机，以推进新型智慧城市建设为突破口，以建设中国—东盟信息港（厦门）产业园、构建海上丝绸之路综合信息保障系统、建立综合反映海上丝绸之路相关国家信息化水平和投资建设环境数据库并定期发布"海上丝绸之路信息化投资指数"，以及加快推进厦门港口信息化建设等具体措施为抓手，全面提升本市信息产业的活力和竞争力，力争将自身打造成中国—东盟信息港的信息枢纽城市和海上丝绸之路核心区的重要战略支点和标杆城市，以助力21世纪海上丝绸之路网络经济带的建设。

第五章　"一带一路"背景下厦门深化对外人文交流的策略与路径

厦门在"一带一路"建设的框架下开展对外人文交流，必须要积极融入国家和福建省的战略规划，既要整合资源，以配合大格局规划的实施，又要谋求创新，突出自己的特色。其人文交流应当明确两个基本着眼点：一是重点面向"海丝"沿线国家开展人文交流，集中走向东南亚；二是着力整合"厦漳泉"三地人文资源优势，推进区域社会发展。厦门面向"海丝"沿线国家开展人文交流在人文传统的积淀、人文环境的建设与文化产业发展等方面具有明显的优势。

厦门与"海丝"沿线国家在不同领域、不同层面上已经开展了丰富的交流与合作，但是面对"海丝"沿线国家民族众多、宗教问题复杂等特点，必须要充分认识到民族文化、宗教信仰和社会制度的差异，以及各国社会发展阶段的不同等因素所带来的挑战。与此同时，也要充分利用好厦门所拥有的华侨华人资源，使之成为对外人文交流与开放的重要纽带。

"一带一路"背景下厦门开展对外人文交流，应当明确两个战略目标：一是对外谋求"民心相通、凝聚共识"；二是对内促进厦门、漳州、泉州区域社会的整合。面向"海丝"沿线国家开展人文交流，对于厦门来说，闽南文化、南洋文化和海洋文化是其重要的资源支点，应当善于利用。厦门应注意到，对外人文交流既要强调政府引导，又要突出民间交往；既要"请进来"，又要"走出去"；同时还要注意与战略互信、经贸合作等协同推进。

就对人文交流的实施路径而言，可明确七大重点领域：民族宗教、文化民俗、教育培训、学术研究、创意产业、青年交往和媒体合作。要着力规划并建设好重点项目，比如"南洋文化节"、海洋民俗文化节、中国（厦门）国际友城论坛、"海丝"沿线文化旅游、创意产业发展、媒体合作等。

对外人文交流，需要整体规划、协调统筹，不能将人文交流孤立于"一带一路"建设的"五通"合作之外，亦不能认为人文交流仅仅是文化部门的事情，需要广泛动员政府、社会与市场的力量。

第六章 深化对台合作——构建对台合作交流支点城市

厦门在建设海西经济区，推动两岸关系和平发展的进程中，展开多领域对台交流合作，积极构建对台合作交流的支点城市。然而，随着2016"台湾大选"后民进党首次实现"全面执政"，台海局势呈现一些新情况，引起两岸各界广泛关注。这势必给两岸关系发展进程带来更多不确定因素。如何有效应对两岸新形势和新挑战，进一步推进和深化厦台合作，是厦门构建对台合作交流支点城市所必须直面的问题。

本章试图从以下框架来研究和回应这一问题：首先，对两岸新形势变化的背景进行宏观分析和把握，从地缘政治角度概括厦门在对台工作中的重要地位，在总结厦门既往主要工作成绩的基础上，综合展望厦门对台交流合作的战略前景。其次，分别从厦台产业合作、金融合作以及文化交流人员往来等维度，就如何构建对台合作交流的支点城市提出对策性建议，例如，在厦台产业合作方面，厦门应将对台工作前沿平台的优势同"海丝"核心区的优势结合起来，将美丽厦门建设同"十三五"规划强调的绿色生态建设统一起来，以厦台绿色产业合作为抓手进一步深化两岸产业合作。同时，厦门应着力促进它同金门的区域合作，充分利用创新型产业平台，吸引台湾青年来厦创业和安家；在厦台金融合作方面，厦门应大力推进两岸投资的自由化进程，可在自贸区内试点人民币、台币和外币自由兑换，实现资金自由流通，并且，厦门的金融机构应进一步落实服务台企，尤其是台湾中小企业的工作定位，探索同国家级智库联合建立"两岸企业信用数据库"，为在厦台企提供一站式融资服务；在厦台文化交流和人员往来方面，厦门应凭借其与台湾的"五缘"优势，以闽南文化、中国传统文化和两岸共同宗教文化为纽带，以推进"两岸同胞心灵契合"为目标，进一步增加对台湾岛内的文化产品输入，工作重点要面向台湾的"三中一青"，增强台湾基层民众（尤其台湾青年群体）对祖国大陆的认同感和归属感。

总之，厦门时逢两岸关系史上的风险与机遇并存期，应结合自身"十三五"规划建议的工作重点，将创新、协调、绿色、开放和共享五大发展理念贯穿于今后的对台工作中，不断增强其对台合作交流支点城市的重要作用。

Abstract

Chapter I

In 2013, China launched its "the Belt and Road" initiative (B & R), in which Fujian Province is playing an important role in the 21st-Century Maritime Silk Road. This chapter analyzes that, Xiamen (Amoy), one of the leading ports in China, should become the fulcrum of this Initiative through an overall investigation of China's external development strategy, cross-strait relations, appearing backgrounds and challenges of B & R as well as the status and role of Xiamen (Amoy) in B & R.

Xiamen (Amoy), a coastal city, has built itself in accordance with the five development concepts, including innovation, coordination, green development, opening up and sharing in the past decades. In particular, its innovative development, its strategy of being a large and beautiful city park, as well as its sharing city governance model as "Together to create a beautiful Xiamen (Amoy)", jointly enhance its city hard power and also soft power. Therefore, it has the advantages to combine the affairs concerning Taiwan and B & R initiatives together and further becomes a city of the strategic fulcrum in future China's opening and development.

In this regard, Xiamen (Amoy), should promote the economic,

social and cultural cooperation with the countries along the Maritime Silk Road, meanwhile, accelerate the city cooperation mechanism with cities of Taiwan, for example, enhancing Xiamen-Jinmen interactive development, establishing cooperative mechanism among small enterprises of Xiamen and Taiwan, as well as attracting more talents, young people and lower-middle class of Taiwan and countries along the Maritime Silk Road to work at Xiamen (Amoy). Xiamen (Amoy) should make itself to become a city of dream, and also, a city of overlapping communities of fate.

Chapter II

Xiamen (Amoy) is well known in both Taiwan and overseas Chinese because of its beautiful scenes, sharing development, and Taiwanese culture. Nonetheless, it is challenged by the lack of regional integration and urban transformation of medium-sized city. In order to expand the space for development, it should makes efforts to realize its urban transformation and industrial upgrading at the same time. Thus, it should enhance the regional integration of Xiamen island and other regions of Xiamen city, the urban integration in Xiamen, Zhangzhou and Quanzhou, as well as a strong radiating capacity in both Fujian province and other provinces in the central region of China.

To this end, the Chinese Central Government should adjust relation between Xiamen's being one of the municipalities with independent planning status and one city of Fujian Province, and authorize it more policy autonomy and independent evaluation. For the sake of breaking all the developmental "bottle-neck", Xiamen (Amoy) could only promote originality, inspire creativity and encourage innovation.

Chapter III

Under the background of "the Belt and Road" Initiative, the decision makers have to make their choices in overall arrangement, direction and strategies of Xiamen (Amoy) 's industrial development. Now Xiamen should define itself as "Two wheeled drive", namely the pivot point city working with Taiwan and axis city of Maritime Silk Road. About industry development, Xiamen should research pros and cons by putting itself in the Maritime Silk Road context. This thesis focuses on the new opportunities for Xiamen's industries brought by "the Belt and Road" Initiative, explores the approach of upgrading Xiamen's service and manufacture industries, having production capacity cooperation with Maritime Silk Road countries by fully taking advantage of their cheap labor and economic development potential, building new type of academic, economic and research complex in Maritime Silk Road countries, integrating Xiamen, Zhangzhou and Quanzhou with the concept of "Axis Cities Belt of Maritime Silk Road" into a new regional cooperation regime.

Chapter IV

The Belt and Road Initiative issued by Chinese government has brought new development opportunities to Xiamen city, whose information industry is very mature and full of vitality. Xiamen could take the chance of central government's decision to establish China-ASEAN information harbor, and promote the construction of new smart city as a breakthrough. Xiamen should enhance the vitality and competitiveness of its information industry by constructing China-ASEAN Information Harbor (Xiamen) Industrial Park, building an integrated Maritime Silk Road information system, establishing a database to reflect the informatization levels and investment environments of the countries along the Maritime Silk Road, publishing "Maritime Silk Road Informatization Investment Index", and upgrading the information system of Xiamen port. Xiamen should build itself into a hub of the China-ASEAN information harbor as well as an important strategic supporting and benchmarking city in the core area of Maritime Silk

Road, so as to help the construction of the 21st Century Maritime Silk Road Network Economic Belt.

Chapter V Strategies and Paths for Xiamen to promote the people-to-people exchanges in the context of the Belt and Road Initiative

To carry out the people-to-people exchanges in the framework of the Belt and Road Initiative, Xiamen has to actively integrate it into the national strategic planning and the one of Fujian province. It has to mobilize resources to cooperate with the national and provincial planning, as well as to innovate and show its own characteristics. Xiamen should clear two basic starting points: one is to focus on the countries around the 21st-Century Maritime Silk Road (Maritime Silk Road) by concentrating on South-East Asian countries; another is to globally integrate the human and cultural resources of Xiamen, Zhangzhou and Quanzhou to promote the regional development. Xiamen has lots of advantages in human and cultural traditions and construction, as well as cultural industry development to carry out the people-to-people exchanges with the Silk Road countries.

Lots of exchanges and cooperation have been carried out between Xiamen and the Maritime Silk Road countries, but facing the fact that there are many ethnic groups and the religious question is complicated in the Maritime Silk Road countries, Xiamen has to fully realize the challenges eventually generated by the differences in ethnic cultures, religions and social systems, as well as different development phase in these countries. Meanwhile, Xiamen has to profit from the resources of Chinese Diasporas in these countries, so as to make it to be an important link for the people-to-people exchanges.

Xiamen should clear two strategic objectives for the people-to-people exchanges in the context of the Belt and Road Initiative: at external level, to seek the "People-to-people bond, consensus construction"; at internal level, to promote the local integration of Xiamen, Quanzhou and Zhangzhou. To carry out people-to-people exchanges with the Maritime Silk Road countries for Xiamen, constitute resource-propellers the Minnan culture, Nanyang culture and Marine culture, which should be well used. Xiamen should notice that people-to-people exchanges need not only governmental direction, but also non-governmental contacts, need also both "inviting to come in" and "going out", need still more to pay attention to promote collaboration with strategic and mutual trust, economic and commercial cooperation.

In terms of implementation path of people-to-people exchanges, Xiamen may determinate seven key areas: ethnicity and religion, culture and folkways, education and training, scientific research, creative industries, youth exchanges and media cooperation. Meanwhile, several key projects should be well planned and conducted: Nanyang Culture Festival, Marine Folkloric Festival, China (Xiamen) International Forum of Friendship Cities, Cultural tourism in the Maritime Silk Road countries, creative industry development, media cooperation, etc.

People-to-people exchanges need overall planning and coordination. We could neither isolate them from the five key areas of the Belt and Road Initiative, nor consider that cultural exchanges belong only to the cultural sectors of government, which in fact need extensively mobilize the forces of government, society and market.

Chapter Ⅵ

In the process of constructing west-straits economic zone and of promoting the peaceful development of cross-strait relations, Xiamen communicates and cooperates with Taiwan in many areas, actively promoting the construction of tactic pivot city of cross-strait relations. However, with the "totally governing" by Taiwan democratic progressive party (DPP) after the 2016 "general election", the new situation in cross-strait relations is showed and caused the wide attention from both sides. It will certainly bring more uncertainties than ever in development of the cross-strait relations. How to effectively cope with the new situation and challenges and to further promote and deepen the cooperation, is a problem directly faced by Xiamen to construct the tactic pivot city of cross-strait relations.

This chapter tries to research and respond to the above problem from the following perspectives: First, it makes a macroscopic analysis in the background of the new situation of cross-strait relations, drawing out Xiamen's important position of dealing with Taiwan Affairs from the perspective of geopolitics. Furthermore, it makes a comprehensively strategic outlook in dealing with Taiwan Affairs on the basis of summarizing the major achievements of Xiamen; Second, it brings forward suggestions on how to build the pivot city from the perspective of cross-strait industry and financial cooperation and perspective of cross-strait cultural and personnel exchanges.

For example, in the aspect of industry cooperation, Xiamen should incorporate its advantages of frontier of cross-strait relations into its advantages of core areas of "Maritime Silk Route" and unify its advantage of beautiful Xiamen construction into its ecological constructionemphasizedby the 13th Five-Year Plan. Xiamen should use green industry cooperation as a start point to deepen cross-strait industrial cooperation. At the same time, Xiamen should try to promote its regional cooperation with Jinmen, making full use of its innovative industry platform to cause Taiwan youth to set up their home and start a business in Xiamen; In the aspect of Financial cooperation, Xiamen should promote the liberalization of cross-strait investment and realize the freedom of capital flow, which means that RMB could be a freely convertible currency within the free trade area. Furthermore, Xiamen financial institutions should further improve the role of serving Taiwan business (especially Taiwan's small and medium-sized enterprises), trying to establish the "enterprise credit database of cross-strait" with national think-tank and providing one-stop financing services for Taiwan companies; In the aspect of cultural and personnel exchanges, Xiamen should make use of its "Wu-Yuan Culture" on basis of Minnan culture, Chinese traditional culture and common religious culture, aiming at promoting "Cross-Strait compatriots sharing the same mind set". Xiamen should further increase exporting cultural products to Taiwan and focus the "San Zhong Yi Qing" (medium and low-income population, small and medium-sized enterprises, central and southern residents and the youth group), which can enhance the Taiwan grassroots (especially its youth) the sense of identity with the mainland.

In short, it is a time of risks and opportunities coexisting that Xiamen should carry through the ideas of "innovative, harmonious, green, open and sharing" in coping with future Taiwan Affairs according to its focus of 13th Five-Year Plan idea, which can increasingly improve its role of pivot city of cross-strait relations.

目　录

引言：推进"一带一路"倡议下的
厦门全方位对外开放

田德文[*]

2013 年，习近平总书记出访中亚和东南亚国家期间，先后提出共建"丝绸之路经济带"和"21 世纪海上丝绸之路"（以下简称"一带一路"）的重要倡议。落实此项倡议将给我国对外开放战略带来重要变化：一方面，我国与"一带一路"沿线国家的战略合作即将全面升级，这些国家在我国对外开放格局中的重要性将有显著提升；另一方面，在"一带一路"背景下，我国对外合作的形式将不断创新，在发展国际贸易合作的同时，基础设施建设、国际产能合作、第三方合作等将得到更高的重视。

"一带一路"倡议给我国国内各地区的发展带来新的机遇，是一个扩大与创新对外开放的重要契机。对我国地方政府而言，关注"一带一路"带来的建设项目、结构调整和政策变化固然重要，但更重要的是要有意识地用"一带一路"的视角来引领现有工作。这是因为，"一带一路"是我国对外开放格局的一次重大

---

* 田德文，中国社会科学院欧洲研究所研究员，社会文化研究室主任，博士生导师。

转型。各地方政府对这种变化作出积极的预期、规划和部署很重要。只要大家都已经意识到将要发生变化,那么就真的要发生变化,谁以积极的态度夺得先机,谁就获得了率先升级对外开放的新机遇。

在"一带一路"倡议框架中,福建省占据重要位置。其中,厦门市尤其处于独特的战略支点地位,内涵包括海上丝绸之路经济带的战略支点、深化对台合作和带动周边地区发展的战略支点等。战略支点地位给厦门未来发展带来新的契机,需从发展格局、治理方式和发展理念的高度进行全面规划与落实。

"一带一路"倡议提出后,福建省积极予以落实,对身处对外开放前沿的厦门市提出了新要求和新定位,即厦门应由对外开放的窗口城市,向发挥对外辐射作用的枢纽城市转变。这一定位得到中央政府的积极肯定。2015 年 3 月,国家发改委、外交部、商务部联合发布《推动共建丝绸之路经济带和 21 世纪海上丝绸之路的愿景与行动》,明确支持福建省"建设 21 世纪海上丝绸之路核心区";厦门市委、市政府积极响应中央和福建省号召,2014 年制定了《关于贯彻落实建设丝绸之路经济带和 21 世纪海上丝绸之路战略的行动方案》,提出到 2018 年,初步建成 21 世纪海上丝绸之路中心枢纽城市的战略框架;到 2020 年,基本把厦门建设成为 21 世纪海上丝绸之路中心枢纽城市。

在国家"一带一路"倡议的背景下,厦门的全方位对外开放面临新形势,需要适时而动,把握历史机遇,立足厦门自身特点,建设具有厦门特色的"海丝"枢纽城市。在这个过程中,借鉴国际先进经验,开展国际合作至关重要。

本课题组成员主要由来自中国社会科学院欧洲研究所和美国

研究所的专家组成，具有较好的国际视野和学术素养。因此，本课题组在对厦门市以"一带一路"为契机着力开创对外开放新局面的情况进行全面调研之后，从国际经验和国际合作的视角对路径和策略进行了研究和政策论证，提出包含"路线图"和"时间表"的实践路径，此篇报告就是课题组在调研基础上撰写完成的。

课题组开展深入研究讨论的问题主要包括以下几方面。

第一，厦门如何发挥在"一带一路"规划中的战略支点作用？通过前期研究，课题组初步认为，厦门可定位为"丝绸之路经济带"和"21世纪海上丝绸之路"的"交汇之地"，打通丝绸之路和海上丝绸之路这两个节点，既有利于"一带一路"建设全面惠及内陆省份，也有利于充分发挥厦门的战略支点作用。

第二，以"厦漳泉同城化"为基础，打造厦门、泉州、漳州联合的"现代海上丝路起点"概念，全面推动福建区域经济发展。"一带一路"是21世纪的工程，其规模绝非古代海上丝绸之路可比。因此，应在"历史性"的基础上，打造一个符合时代需要的现代化出海口。在推进"厦漳泉同城化"的过程中，可以借鉴欧洲一体化的经验，在福建省政府领导下，由厦门、漳州、泉州三市领导联席会议进行重大决策，共同建立负责"现代海上丝路起点"建设的联合委员会主持行政工作，三市共同出资建立协调区域发展的发展基金，重新规划三市产业布局、功能定位，谋求共同利益、做好加法、化解利益矛盾，真正实现"互利共赢"。在具体做法上，欧洲国家战后推进一体化过程中的很多做法都可以借鉴。

第三，打破影响经济要素自由流动、合理配置的行政界线是

"一带一路"建设与发展的重要内涵。厦门要想充分发挥战略支点作用，就应该在这方面走在前面。因此，本课题组建议厦门以"一带一路"为契机，借鉴欧洲一体化的经验建立多维度的区域经济整合体系：①从打通丝绸之路经济带和海上丝绸之路的高度，不断充实"海峡西岸经济区"概念；②以闽南文化为纽带，在"一带一路"框架下建构包括广东闽南语地区、台湾地区在内的"闽南经济区"；③以南洋文化为基础，全面推进与东南亚国家的合作关系。到目前为止，我国在推进区域经济整合方面尚处于初级阶段，借鉴欧洲国家的成功经验有很大参考价值。

第四，更好地利用厦门在"一带一路"框架中的战略支点地位，积极推进现代治理体系建设。无论是厦门城市经济发展，还是建构多维度区域经济整合体系，都需要建构以政府间合作为基础，利益相关方多主体参与，共同体机构协调管理的"多层治理体系"。在这方面，欧洲一体化中已经有了比较有效的做法，可考虑依据我们的情况予以吸收借鉴。目前，中央对这方面工作的推进给予了高度重视，作为"一带一路"倡议支点的厦门大可"先行先试"，尝试使用欧盟的"开放式协调法"等治理方法，积极推进多层级政府、企业与社会的合作。

第五，"一带一路"倡议的根本目的是要更新我国对外开放过程中国际合作范围、内容与形式，开辟我国全方位对外开放的新格局，推动我国经济社会更全面发展。在这方面，作为战略支点的厦门应该走在前面，积极引入国际合作视角，主动融入世界经济体系，与我国台湾地区、欧美国家及"海丝"沿线东南亚国家积极开展"第三方合作"。同时，应该注意的是，"一带一路"引领下的经济发展应以新型发展理念为基础，包括包容式发展、可持续发展、创新型发展等概念。在这方面，中国和欧洲具有很强的互鉴性，也是中欧关系未来发展的基本方向。本课题组建议厦门市围绕这些概念积极建构与欧洲国家的互利合作体系。展望未来，厦门与欧洲国家开展合作的前景广阔，既有利于厦门未来发展，也可为在"一带一路"倡议下创新中欧合作模式做出尝试。

第一章 "一带一路"倡议背景分析

魏南枝　张　超[*]

2013 年，习近平在出访东盟国家时，首次提出了共建 21 世纪海上丝绸之路的战略构想。"一带一路"倡议是在国际体系和国际秩序处于深度调整的大背景之下提出的，适应并推动当前中国与外部世界关系的历史性改变。该倡议为开创我国全方位对外开放格局、推动形成以我国为主的区域经济分工合作体系、促进沿线各国发展与稳定、以发展促进安全、以安全保障发展等提出了新思维和新举措。

福建省作为海上丝绸之路的重要起点和发祥地之一，在 21 世纪海上丝绸之路建设中的地位独特，是国家确定的"一带一路"倡议重点实施省份。作为国家对外开放的排头兵和福建省改革发展的前沿阵地，作为因台湾而设立的国家经济特区，东南沿海重要的中心城市、港口及风景旅游城市，厦门有必要也有责任打造 21 世纪海上丝绸之路战略支点城市，加强"厦漳泉"一体化发展，充

* 魏南枝，中国社会科学院美国研究所副研究员；张超，中国社会科学院美国研究所博士后研究人员。

分利用自身在海峡两岸的特殊区位优势，将对台工作和 21 世纪海上丝绸之路建设工作相结合，将两岸关系支点城市功能和海上丝绸之路枢纽城市功能相融合，促进两岸共同发展，服务于国家实施"一带一路"整体性战略。

第一节 国家对外发展及两岸关系

有着数千年文明史的中国，曾经长期是世界上最强大的国家之一，中华文明曾经以其独有的特色和辉煌走在了世界文明发展的前列，为世界文明进步做出过巨大的贡献。近代以来，中国与外部世界的关系经历了错综复杂的历程。台湾问题的解决，是一个内外部力量综合发生作用的过程，这一问题的解决也是中华民族伟大复兴事业的关键之一。

一 中国与外部世界的关系

自公元前 3 世纪开始直到 19 世纪末期，朝贡体系存在于东亚、东南亚和中亚地区，以中国中原帝国为主要核心建立起纵向等级制网状政治秩序体系。自唐代开始，海上丝绸之路是中国古代与外国贸易和文化交往的重要通道，是连接亚、非、欧的大动脉，有力地促进了东西方经济、文化的交流，扩大了中国经济与文化对外的影响。

在 1840 年鸦片战争到 1949 年新中国成立的 100 多年间，中国社会战火频频、兵燹不断，内部战乱和外敌入侵循环发生，亚洲古老的朝贡体系遭遇植根欧洲文明的殖民主义和以主权国家为中心的威斯特伐利亚体系的冲击而倾覆，这些冲击构成了今天亚洲面临历史遗留问题所带来的种种安全挑战，比如领土、领海争端等。中国在被迫向西方世界打开国门的同时，中国与外部世界呈现以救国图存为中心任务的紧张关系。

新中国成立初期，基于冷战思维和铁幕战略等，中国与以美国为代表的西方世界由于政治利益的冲突而处于"闭关"状态，中国在加强与苏东世界合作的同时，也通过一系列方式和法国等西方国家建立起联系甚至外交关系。之所以能够从新中国成立初期的冷战状态到20世纪70年代中美关系实现正常化，是因为特定时期的特殊共同安全需要淡化了两国之间的政治矛盾，也就是共同的安全利益一度掩盖了中美之间的意识形态对抗，这为后来中国实行对外开放奠定了坚实的基础。

改革开放以来，中国事实上融入了以美国为主导的世界经济体系。尽管不是基于国内市场的自力更生或自我中心的发展，但是中国的综合实力在迅速膨胀。20世纪90年代以来，随着冷战结构瓦解、苏联因素消退，中美关系的共同安全利益支撑点消失，两国关系在战略层面进入缺乏共同利益的不稳定状态，政治矛盾日益凸显；随着世界格局从冷战结束后的单极世界朝多极格局方向曲折发展，中国经济实力迅速增强并主张建立以合作共赢为核心的新型国际关系，中美之间的安全矛盾也迅速上升。

今天，经济全球化和信息技术革命正在深刻地改变整个世界，世界各国和各领域越来越呈现"你中有我，我中有你"的复杂生态格局，形成了一个前所未有的全球风险社会。"区域和全球挑战使全球关系和双边－多边关系都在变化。传统意义上的国际关系，也就是国与国之间的关系，现在加进来其他一些关系，多边的、区域的或全球的关系。区域的关系十分明显，我们要处理的不是和哪一个国家的关系，是和整个区域的关系——与东盟，与亚太，与欧洲。还有全球性的关系，不只是国家之间，大量的跨国集团、非政府组织都在当中扮演角色，主体越来越多。"①

世界经济中心已经转移到亚太地区，这已经是全球性共识。自1997年亚洲金融危机以来，"经济的亚洲"促使亚洲区域经济一体化得到迅速发展，亚洲各国的经济政治联系日趋紧密，事实上已经挑战了美国长期以来在亚洲所扮演的领导者角色，让"政治的亚洲"内部分歧复杂化。因此，这"两个亚洲"在美国继续其世界领导权的努力之下，现在处于越来越激烈的冲突之中，让美国作为亚洲安全提供者的角色得到了强化。为了弥合这"两个亚洲"之间的冲突，就必须让亚洲成为亚洲，也就是说，让亚洲人在思维方式和行为方式等各方面重新赢得自主，而不是自觉不自觉地将自己视为附庸。

大国崛起必然带来国际力量格局的深度调整，各方面都要经历反复磨合、博弈甚至激烈的斗争过程。自美国"重返亚太"以来，为了维护美国在南海的战略利益，南海争端一再升级，中国与菲律宾、越南等国之间围绕南海岛屿归属问题的争议凸显；特别是美国的盟国菲律宾，采用各种手法试图将南海问题国际化。

世界政治实际上就是一个国家力量的合力场，其中每个国家的国力伸缩都有其极限和底线，一个国家国力伸展的极限往往就是其他国家安全的底线。中国的周边环境变得复杂，所面临的国际安全环境有了很大的变化，外部压力和挑战空前增多，因此，中国与外部世界的关系处于新一轮的深刻调整进程之中。"一带一路"倡

---

① 玛雅：《中国的国际环境与战略选择——专访中国社会科学院美国研究所所长黄平研究员》，《天涯》2008年第4期。

议、亚洲基础设施投资银行等的提出与发展,都旨在竞争中求合作、在合作中求共赢、在追求本国利益时兼顾别国利益、在寻求自身发展时兼顾别国发展。

二 两岸关系与中华复兴

中华民族的伟大复兴,并不仅指 GDP 概念的复兴,重要的是中华精神与理念的自信与复兴,海峡两岸问题的解决对于中华民族的复兴具有指针意义。

用"一国两制"的和平方式而非军事手段解决领土问题是对人类历史的伟大制度贡献。尽管中国领导人一再强调自己不会施行霸权主义,但从文明源头和制度体系两个方面考量,中国都与西方具有太多的异质性。这种异质性决定了,中国的崛起本身,即使不和霸权政治发生直接冲突,也是对西方文明所主张的普世性的变相否定。能够不通过战争,用"一国两制"的办法收回香港和澳门,这是中国对世界的创新性制度贡献,体现了中华文明的包容性。然而,对于坚持"非我族类,其心必异"的普世价值论而言,这种包容性制度创新无疑是一个新的威胁与挑战。因此,港澳台地区各种社会运动背后外部势力的影子越来越明显是应有之义。

由中国大陆、香港、澳门和台湾共同组成的中国,其体量、其民意基础、其政治传统决定其发展不能被外力所左右,必须是以完全主权为前提的。虽然其在政治体制方面各不相同,但是,追求更美好生活的诉求却是共同的。基于"包容"与"团结",进行广泛而深入的交流,有利于推动各方民众从政治层面、经济层面和社会层面立体地了解和理解对方,形成良性互动。

正如香港经济的腾飞是由于中国内地以香港为窗口与西方世界

进行交流,那么,台湾地区经济曾经的辉煌也与美国援助、越南战争等紧密相关。台湾和香港都并非完全源自内生力量而获得腾飞,中国大陆的实力不断增强,台湾作为曾经的亚洲四小龙却一路走低:面对今天体量越来越大的中国大陆经济,台湾能够做出的选择只能是融入整个大中华经济圈之中。

然而,台湾深陷各种为了反对而反对的"民主运动"之中,一方面有美国操纵和政治极化的原因,另一方面也体现了台湾在全球秩序重构中的自我定位迷失的现状。曾经是民主橱窗的台湾,现在逐渐成为民主溃败的橱窗,这种失去民族性和国际大势准确判断的情况,亟待通过两岸交流的广泛与深入开展得以改善。

如果说陈水扁当年以炒作"蓝""绿"意识形态作为上位之道,那么十几年来的蓝绿恶斗已经让台湾民众心生厌倦。台湾经济的委顿不前、台湾 GDP 增长和台湾民众收入之间的差距等,让"经济平等"越来越成为台湾民众在选举中的主要诉求。台湾的选民结构发生了变化,年轻人占据的比例上升,而年轻人对就业的关注、对前途的经济平等问题的关注等,上述变化应当成为我对台工作的新着力点。

自李登辉时代以来,随着陈水扁的"台独"努力和马英九的"独台"态度,近二十年来有关统独问题的讨论,已经从采用何种方式实现统一变成是否统一的问题。在这样一种"台独"势力事实上不断增强的过程中,一方面,中国大陆对台湾从经济上不断加大"供血"力度,如大量购买台湾产品、台商在中国大陆享有各种优惠、大陆游客赴台等;另一方面,台湾政治在"两岸统一"议题已经具有绝对政治不正确性的情况下,无论"蓝""绿"已经只不过是"独台"与"台独"之分,台湾人民深陷各种拟制的争吵议题之中：省籍、蓝绿、统独……这就形成了两岸关系与岛内政治、经济力量与政治力量的各种复杂纠缠。

与上述两岸关系、政经利益复杂纠缠同时存在的是，"反中"和反权贵两种情绪矛盾地结合在一起，使得中国大陆对台湾的经济支持变相成为对台湾权贵、资本力量的支持，反过来更强化了台湾民众特别是台湾年轻人的"反中"情绪。仰仗蓝营、依靠台商的对台工作思路，已经与台湾本土社会内部利益诉求之间发生了冲突，这是值得中央政府反思和警惕的一个重要问题。

中国大陆在调整对台政策过程中，不仅仅需要认真研究台湾年轻人的心态和需求，更重要的是，需要反思，是否两岸关系的顺利发展完全取决于"蓝天"执政与否？"绿地"是否一无是处，必然给两岸关系带来负面影响，甚至引发冲突？既然台湾政治格局已经呈蓝白绿发展，台湾社会已经逐渐厌倦蓝绿议题而是关心经济民生问题，两岸关系就不应该取决于"蓝天"，而是应该深耕台湾这块土地，这样才能有针对性地推动两岸关系的发展。

要对台湾进行深耕，对台工作就应当避免采用"天女散花"的方式，应该选取厦门等具有深厚对台工作基础的城市与地区，深入广泛地开展与台湾不同城市的交流与合作，全面真实地掌握当地政治经济社会发展状况、奠定扎实友好的当地民众基础，这样才能进行有效的沟通与协商，才能行之有效地通过"海上丝绸之路"等倡议促进两地融合，带动台湾融入大中华经济圈之中。

根据党的十八届五中全会精神，要深化大陆和台湾地区合作发展，以互利共赢方式深化两岸经济合作，让更多台湾普通民众、青少年和中小企业受益，也就是要坚持"三中一青"（中小企业、中下阶层、中南部民众及青年）对台工作方针。此外，在两岸产业合作中，厦门与台湾相关城市之间存在竞争大于合作的发展态势,不能只谈台湾利益、不谈大陆利益,应当转向以吸引和培养台湾人力资源和技术资源为主,搭建更多台湾普通民众和中小企业走向大陆、通过大陆走向 21 世纪海上丝绸之路建设、与大陆发展成为命运共同体的平台。

第二节 共建 21 世纪海上丝绸之路

自秦汉以来,海上丝绸之路一直是沟通东西方经济文化交流的重要桥梁。21 世纪海上丝绸之路以海洋为经贸文化交流纽带,其战略目标是建立起亚、欧、非大陆的经贸一体化,通过强化通道价值来加强"海丝"沿线战略安全,其战略合作伙伴包括东盟、南亚、西亚、北非、欧洲等,但东盟地区自古至今都是海上丝绸之路的重要枢纽和组成部分。

一 共建 21 世纪海上丝绸之路的时代背景

一国的对外政策取决于本国的国家实力,国家实力上升了,谋求世界格局中的利益也上升了,同时,国家的外交策略势必也会随之改变。中国已经成为世界第二大经济体,在全球经济中的作用开始凸显,政治地位明显提升。尽管世界经济政治重心及与此相应的权力体系正在发生着转移,但并不意味着这种转移方向必然转向以中国为重心的亚洲,初步整合起来的欧洲对世界金融资本也有着巨大的吸引力。[①]

---

① 张文木:《"亚投行"的时代意义——世界权力体系转移及中国面临的机遇和风险》,《中国投资》2015 年 5 月。

中国的改革已经进入深水区,一方面需要加强国际产能合作,另一方面油气资源、矿产资源对国外的依存度过高,使得对沿海海路资源输入路径的依赖性极大。但是,沿海直接暴露于外部威胁,在战时极为脆弱;各种资源主要依靠海路输入中国,海上资源输入路径依赖于沿途各国的政治与安全环境。为了通过增强与南海、南亚、西亚、北非等国家的经济共同利益来发展共同安全利益,中国充分发挥国内各地区比较优势,实行更加积极主动的开放战略,以开放促改革。21 世纪海上丝绸之路是中国施行全方位对外开放战略的重要组成部分,希望能够以经济合作带动沿线国家走向全面合作,也有助于化解一些国家对中国推行"珍珠链"战略的疑虑①,拓展中国经济发展战略空间,为中国经济持续稳定发展提供有力支撑。

尽管唱衰之声一片,美国仍然是当今世界最强大的国家,美国的衰落也绝不是全面衰落,关键是作为唯一全球国家的美国绝不会坐等自身的衰落。承担了"世界警察"角色的美国,长期以来认为中国的崛起是"搭便车"的效果,没有承担相应的义务却要破坏美国维护的世界安全格局。"一带一路"倡议、亚洲基础设施投资银行等的发展态势更让美国意识到"不平衡"背后"被孤立"的可能。此外,美国与海湾阿拉伯国家合作委员会(海合会)国家之间的相互信任下降,还面临也门冲突、伊朗核问题谈判、以色列组成新内阁等新老问题的困扰。

所以,美国需要先搅乱亚太地区的相对稳定性,将中国在事实

---

① 薛力:《21世纪海上丝绸之路建设与南海新形势》,载《磨合与塑造:周边安全形势的新常态——中国周边安全形势评估报告(2014~2015)》,2015年1月。

上定性为破坏亚太安全的"坏角色",要求亚太各国进行"选边站",然后借此展示和加强自身"输出保护"的能力。也就是说,美国力图使南中国海地区的局势复杂化和混乱化,将南中国海地区的各种双边或多边主权争端演变为一个国际性争端。争端过程中,在各国受困乃至受害于这种混乱秩序之时,对建立或者维护某种秩序就会存在共同需求或共同利益,于是美国的"保护伞"作用才能凸显。种种情况表明,美国不再局限于警告,而是要在亚太地区直接赤膊上阵采取有针对性的行动,以实现符合美国利益要求的"再平衡"。

但是,中国和东盟已建成世界上最大的发展中国家自由贸易区,中国连续 4 年成为东盟第一大贸易伙伴,东盟是中国第三大贸易伙伴。因此,在大国利益博弈过程中,除了菲律宾等国,越来越多的东盟中小国家表现了"骑墙"的暧昧态度以两头甚至多头获利。面对来自中美角力的威胁,乌克兰危机等让东盟国家持谨慎态度,会考虑自身利益,一方面避免神仙打架、小鬼遭殃,另一方面力图从中获得最大利益。中国为了充分利用和延长发展机遇期,也会在捍卫自身核心利益的同时避免紧张局势无限度地升级。

因此,中国倡导共建 21 世纪海上丝绸之路战略构想的核心追求在于通过促进沿线国家共同繁荣、构建和平稳定的周边环境,以期和平地突破美国"亚太再平衡"等对中国构成的战略限制。通过共建 21 世纪海上丝绸之路发展与沿线国家,特别是东盟国家的全面合作关系,这也符合这些国家经济发展的客观需要,然而,政治、安全、经济等多方面的因素决定这一共建具有曲折性和多元性。

二 共建 21 世纪海上丝绸之路面临的挑战

尽管世界各国企业的生产贸易网络和边界被以美国为代表的西方国家和资本力量所共同推动的经济全球化所极大拓展，强大的跨国资本力量不断膨胀，甚至不惜与包括美国在内的政治国家利益发生冲突以谋取高额利润，但世界并没有变得扁平①，反而南北差距、贫富悬殊在不断加大，这种差距和悬殊同样存在于海上丝绸之路沿线国家。虽然共建 21 世纪海上丝绸之路以互利共赢为基本原则，其目的是促进沿线国家的共同繁荣，但是共建过程面临巨大的风险。

共建 21 世纪海上丝绸之路的"共建"两字表明，这是由中国发起倡导、沿线各国共同参与的一个公共产品。但是，能否成为沿线国家认可的公共产品，很大程度上取决于沿线国家的意愿，沿线国家对此的认同与否构成了最大的风险来源之一。即使大部分国家认同和积极参与共建 21 世纪海上丝绸之路，中国企业以往"走出去"曾经面临的各类困难，同样会出现在共建 21 世纪海上丝绸之路的各个阶段，包括体制政策风险、管理风险、环境风险及经济形势与政局变动风险等，甚至还有 IS 等恐怖主义势力对东南亚地区的渗透所形成的风险与挑战。

今天的国际话语权仍然由美国主导的西方世界所把持。因此，急需改变中国"走出去"的软硬实力不匹配的状况。例如在宣传手段、技术方法和组织形式等方面应该有创新。结合中国"走出

---

① 托马斯·弗里德曼认为现代社会必定抵挡不了全球化浪潮，全球化已经表现为"扁平化"，因而世界是平的。这种让世界变平的力量，他坦言"敬畏于马克思对资本所具有力量的敏锐描述"。Thomas L. Friedman, *The World is Flat: A Brief History of the Twenty-First Century* (New York: Farrar, Straus & Giroux, 2005), pp. 201 – 204.

去"的海外利益伸展，宣传和安全保障就要随之甚至先期发展，并且借助宝贵的 6000 多万海外华侨华人资源进行软实力推广。在这一进程中，无论是厦门的文化创意产业、高科技产业，还是厦门作为侨乡中的著名城市，都具有独特的优势地位。

尽管英国、法国等欧洲国家纷纷加入亚投行，但是，很多国际舆论把中国的"一带一路"说成是新殖民主义、朝贡体制的恢复等，甚至美国、日本等国家直接反对该战略构想，试图阻挠中国推动项目的开展。与此同时，一些中国官方的解读有强烈的"中心－边缘"的世界秩序构想色彩，"海丝"沿线国家以第三世界国家为主，这些国家对 19 世纪殖民主义下的帝国主义记忆，使得其对中国宣传口号中的各种现实主义说法易产生反感。此外，有的国家对外深陷大国博弈的战场，对内面临领导人交接、政治转型、民族冲突等多重矛盾，例如 2011 年"阿拉伯之春"后中东进入大动荡时期，一些国家处在解体、崩溃的边缘；基于历史的多种原因，多个东盟国家对中国大陆在政治上认可度不高，或者与中国存在政治或者安全冲突，要想赢得其认同绝非易事。

沿线各国的社会制度、历史文化、宗教信仰、发展水平和利益诉求等差异较大，每个国家的情况各有不同，例如有些国家不具备经济合作的基础，有可能出现基础设施建设完成后无货可运的情况；有些国家认为基础设施建设会破坏其生态环境或与宗教信仰相悖等。因而，不可能用同一个框架来对待所有国家，中国需要针对不同国家的情况解决不同的问题，全面真实地掌握国民经济社会发展状况、奠定扎实友好的当地民众基础，才能进行有效的政策沟通与协商。

上述各种风险因素的存在，决定了从国内角度看待 21 世纪海上丝绸之路的战略构想，既不能被狭隘理解为重复低效投资以及向中央要政策的机会,也不能走入盲目攀比、重复建设港口物流、造成资源浪费的误区,相关省份应该突出各自的比较优势,既有重点又有分工协作,形成一股合力。

对于类似厦门这样既具有竞争力强、基础设施完善的外向型经济特点,又有广泛对外经济社会交流合作与深厚华侨华人资源的城市,长期的对外特别是对东盟的交流使其有能力对"海丝"沿线的部分国家的一般情况、投资环境以及海上通道互联互通建设等建立基本认识,对如何与这些国家进行经贸往来和建立相关规则积累了一定经验。但是,对于"海丝"沿线国家的政治结构、各方政治势力、相关政治风险以及可能的国家战略动向等则需要从国家战略层面进行研究,对于和不同国家采用不同框架开展共建等需要从国家战略层面制定基本方略,然后向厦门等这些枢纽城市提供政策指导与咨询建议。也就是应当将顶层设计与先行先试有机结合起来,才能充分有效发挥厦门等城市的作用。

第三节 "一带一路"倡议与厦门

根据 2015 年 3 月国务院授权发布的《推动共建丝绸之路经济带和 21 世纪海上丝绸之路的愿景与行动》,福建被定位为"21 世纪海上丝绸之路核心区"。作为经济特区,厦门在地理区位、经济发展、对外贸易合作、对台交流合作等方面具备较大的优势,特别是厦门与东南亚各国在政治、经济贸易等方面一直保持着密切的合作,外贸出口向来占福建省近"半壁江山",中央支持厦门打造"海上丝绸之路"战略支点城市,厦门在加快融入"一带一路"以及全力推进自贸区建设进程中机遇和挑战并存。

一 厦门的改革开放发展成就

1980 年，厦门的国民生产总值仅 6.40 亿元，财政总收入仅 1.83 亿元，外贸进出口额仅 1.41 亿美元。从完善基础设施入手，定位为建设海港风景城市，厦门在全国率先由地方利用科威特政府贷款 2100 万美元修建高崎国际机场，开创了举外债搞基础设施建设的先例。

1984 年，国务院批准厦门经济特区扩大到全岛，实行自由港的某些政策，并赋予厦门经济特区"发展我国东南部经济、特别是加强对台工作，促进祖国统一大业"的历史任务；1985 年国务院颁发《关于厦门经济特区实施方案的批复》，明确要求把厦门建设成为以工业为主，兼营旅游、商业、房地产的综合性、外向型的经济特区；1988 年国务院批准厦门市为计划单列市，赋予相当于省一级的经济管理权限；1994 年中央确定厦门为副省级城市，为厦门加快发展创造了有利的体制优势；1997 年厦门率先实现两岸"试点直航"；2010年，国务院批准厦门经济特区扩大到全市，为特区发展拓展了空间。

厦门经济增长的质量和效益日益提高，各项经济指标快速增长。全市生产总值从 1981 年的 7.41 亿元跃升到 2015 年的 3466 亿元，财政总收入从 1981 年的 1.95 亿元跃升到 2015 年的 1001.7 亿元，城镇居民人均可支配收入从 1981 年的 482 元提高到 2014 年的 39625 元，而 2015 年城镇居民人均可支配收入增幅均高于同期经济增速。[1] 厦门已成为中国东南沿海的航运物流中心、福建省的最大贸易口岸，外贸综合竞争力稳居全国百强城市前 5 位。图 1-1 为 2000~2014 年厦门生产总值及增长速度。

---

[1] 《2016 年厦门市政府工作报告》。

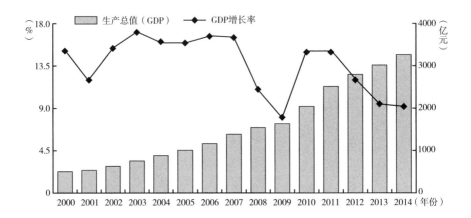

图 1 - 1　2000 ~ 2014 年厦门生产总值及增长速度

资料来源：厦门市 2014 年统计年鉴。

从图 1 - 1 可以看出，厦门经济取得了很大发展。厦门经济曾经在 2001 ~ 2007 年高位增长，由于 2008 年金融危机的影响，增速出现迅速下滑，2010 年有所回升之后，2012 年开始再次呈现增速下滑的趋势，但仍保持着 9% 以上的增速。从上述数据可以看出，厦门发展也处于经济新常态的调整期间。在这一调整期间，图 1 - 2 显示，厦门的进出口总值增长趋势基本稳定，但近年来增长幅度也趋于放缓甚至有下降。

由于全球经济低迷，出口增长的趋缓对于厦门的外向型经济来说构成挑战。中国经济增长主要依靠"三驾马车"：出口、投资和消费。根据《2015 年厦门市国民经济和社会发展统计公报》，初步核算，2015 年全年地区生产总值（GDP）3466.01 亿元，按可比价格计算，比上年增长 7.2%；全市实现公共财政预算总收入 1001.71 亿元，比上年增长 10.2%，经济增长和财政收入增长都表现不错。但是，截至 2015 年，厦门市市区建成区 317 平方公里，全市户籍人口 211.15 万，常住人口 386 万。这表明，厦门的市区面积和人口数决定了仅仅依靠

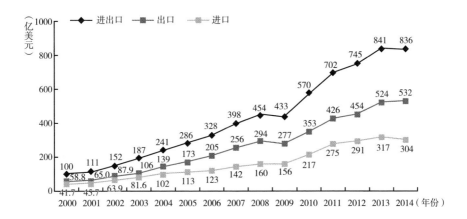

图 1 - 2　2000～2014 年厦门进出口总值及增长速度

资料来源：厦门市 2014 年统计年鉴。

本地消费不足以支撑下一步的发展要求，因此，必须加强厦门岛内外、厦漳泉和福建省等的区域整合，实现对内对外的多层次开放。

厦门在过去三十多年的改革开放历程中积累了丰富的先行先试经验，例如率先逐步建立健全特区金融体系，成立了全国第一家总部设在厦门的中外合资的国际银行；建起了中国第一条跨海设施；创建了中国第一家股份制地方性航空公司；在全国率先改革国有资产管理体制，撤销八大工业局，让企业享有发展自主权；率先探索实施财税体制的改革，实行国有企业税利分流改革……经济结构不断调整优化，经济增长方式不断转变，培育形成了电子、机械等支柱产业，工业成为带动经济增长的主导力量，高新技术产业比重、科技进步对经济增长的贡献率不断提高，旅游、物流等现代服务业加快发展，农村经济结构调整取得新成效，三次产业协调发展等。

除了在对台工作中积极发挥作用，厦门还通过加强区域合作和扩大对外开放等方式，成为我国东南沿海重要中心城市，促进开放型经济水平不断提高，例如每年在厦门举办的中国国际投资贸易洽谈会是中国唯一以吸收外资和对外投资为主题的国际性投资促进活动，位列国家主办的三大交易会之一，已成为影响重大的国际经贸盛会。厦门已成为对外贸易的重要口岸，与世界上 200 个国家和地区建立了经贸合作关系，与国际和国内数十个城市结为友好城市，将区域经济合作、城市联盟建设不断向更深层次、更宽领域推进。

除了经济领域的突飞猛进，厦门的另一最大特色就是较为稳妥地处理好了硬实力与软实力二者的关系，把民生放在首位，把坚持提高效率与注重公平紧密结合，例如 2009 年厦门成为中国内地首个全民医保城市。厦门勇于和善于在社会、文化、环境等领域先行先试，例如率先推出住房公积金制度，设立社会保险统筹和个人专户并实行管办分离，推行养老、医疗、失业、工伤、生育"五险合一"的社会保险制度等；率先推行最低工资标准、最低生活保障线（含农村）、农村居民基本医疗保险、被征地农民基本养老保险等；率先取消进城务工人员的就业证和子女寄读费，在进城务工人员中实行基本医疗保险，把农民工子女纳入本市未成年人医保范围；率先在国企改革中实行少破产、多兼并，少关闭、多嫁接改造的指导方针；拥有华侨历史博物馆和中国最大的历史人物石雕像……因此，先后取得全国闻名城市、国家卫生城市、国家园林城市、国家环保模范城市、全国科教兴市先进城市、中国人居环境奖、中国优秀旅游城市、全国双拥模范城六连冠、全国社会治安综合治理优秀城市、全国文明城市、联合国人居奖等一系列殊荣。

上述一系列作为经济特区所进行的先行先试实践，从不同方面已经在践行创新、协调、绿色、开放、共享的发展理念，为厦门未来建成"海丝"战略支点城市从物质、人力资源和经验教训等各个层面奠定了坚实的基础。

二 建设"海丝"战略支点城市的基础

2014 年，厦门已经正式出台了《厦门市关于贯彻落实丝绸之路经济带和 21 世纪海上丝绸之路建设战略的行动方案》（简称《行动方案》），明确厦门的发展思路为："充分发挥厦门特色和优势，选择与厦门经贸往来、人文交流基础好，发展前景大的 9 个'海丝'沿线重点国家，包括马来西亚、新加坡、印尼、泰国、菲律宾、越南、印度、伊朗、斯里兰卡等，在基础设施、贸易金融、双向投资、海洋合作、旅游会展、人文交流等六个重点领域，推动重点项目实施，实现优势互补、互利共赢，努力把厦门打造成为 21 世纪海上丝绸之路中心枢纽城市。"这一发展思路符合厦门发展实际，点面结合，具有很强的可行性。

附录有关厦门外贸进出口主要国家（地区）的统计数据显示，厦门已经与世界上 123 个国家（地区）建立起进出口经济往来关系。2014 年美国是厦门首位的外贸进出口国家（占 15.21%），比上年度进一步增长；其次是中国的台湾地区（占 8.43%），比上年度下降了一个百分点。《行动方案》所列举的 9 个"海丝"沿线重点国家的外贸进出口总额达到 16.36%，表明其比重已经超过美国。附表1-6所显示的厦门外贸出口主要国家（地区）数据中，2014 年对美国出口额占据首位（占 17.08%），对《行动方案》所列举的 9 个"海丝"沿线重点国家的出口总额为 13.44%，而对台湾地区的出口额仅占 2.93%。上述数据说明，厦门现有外贸进出口结构已经具备良好的基础，能够为建立以我国为主的区域经济分工合作体系发挥战略支点作用；同时，厦门对 9 个"海丝"沿线重点国家的出口比重有上升空间，对台湾地区的进口额（同年该地区占厦门外贸进口比重为 21.02%) 远高于出口额,后者的进出口比重失衡可以在未来两岸产业竞争合作中得以逐步改善。

因此,除了上述 9 个"海丝"沿线重点国家,应当把台湾地区与厦门有紧密合作的城市,例如金门、台中和高雄等,纳入厦门"海丝"建设之中,借此把上述台湾地区的相关城市的经济、人员与厦门进行有机整合,形成城市与城市之间的命运共同体,既能够在两岸关系整体走低的大背景下推动对台工作"点对点"的深入发展,也有利于充分利用台湾地区既有"南进"战略所形成的资源积累,加强厦门"走出去"的多元性和亲缘性。

厦门拥有港口、侨务、海洋等诸多方面的基础优势,厦门的发展与厦门港有着紧密的联系。厦门港是落实国家批复厦门综配改革方案、建设厦门东南国际航运中心的主要载体,2015 年厦门港集装箱全球排名上升至第 16 位,货物吞吐量完成 2.10 亿吨,集装箱吞吐量增速在全国沿海主要港口排第 3 位。厦门港与东盟、中东主要港口城市已经建立起多个合作网络和机制,作为国际集装箱干线港、区域性邮轮母港,它将成为福建、厦门与"一带一路"经贸拓展的重要"出海口"。并且,始于 2004 年的厦门海铁联运一头通向"海丝"沿线地区,一头承接中国广阔的中西部腹地,已形成闽中、赣南、赣北、赣中四大基地 14 个网点,散货年发送量达1000 多万吨,集装箱吞吐量达 3 万多标箱。

厦门空港全国排名第 4 位,主要针对国内的厦门高崎机场吞吐量近 2000 万人次,正在建设的翔安国际机场 2020 年吞吐能力将达4500 万人次、远期吞吐能力将达 7500 万人次,连接东南亚、南亚等地的国际航线将为共建 21 世纪海上丝绸之路构筑便捷高效的航空网络。厦门是全国九大物流中心城市之一,并且还是海西地区唯一的物流节点城市、一级物流园区布局城市。厦门的上述海、陆、空三条通道建设，为加强与"海丝"沿线国家和地区之间的互联互通和向内陆腹地的辐射能力奠定了良好的基础。

对于外资、技术等的"引进来"，厦门已经进入高质量和高效益并重的发展阶段，例如《厦门经济特区两岸新兴产业和现代服务业合作示范区条例》已经于2014年正式公布并施行，该条例集中体现厦门先行先试、体制机制创新精神，将创新产业合作模式，拓宽双向投资渠道，引导外资投向主导产业、高新技术产业、现代服务业和节能环保领域，推进区域经济一体化发展。

基于在资金、技术和管理等方面所形成的国际比较优势，厦门已经在"走出去"方面先行一步。2015年全年实现外贸进出口总值832.91亿美元，贸易顺差237.03亿美元，增长4.1%，表明厦门的外贸顺差增长超过进出口总值增长；对台进出口贸易总值65.85亿美元，下降6.4%，其中对台出口15.44亿美元，下降0.9%；自台进口50.41亿美元，下降7.9%，说明厦门对台进口有相当比例的下滑。对外协议投资项目132个，投资额21.93亿美元，增长1.1倍，其中中方投资总额21.38亿美元，增长1.1倍，实际投资总额5.83亿美元，增长3.7%。中方投资总金额的95%均为千万美元以上的大项目，如三安光电投资8000万美元并购台湾璨圆光电，厦门信达在新加坡投资1000万美元新设立信达资源（新加坡）有限公司从事国际贸易等。厦门试行自贸区政策已经获得开展跨境电商业务资格，将推进跨境电商以及物流信息平台，完善口岸通关，进一步促进海上丝绸之路沿线区域信息互联互通、货物通关和人员往来便利化。

厦门已经建起了以临海工业、海洋交通运输业、滨海旅游业、海洋渔业等为主体的海洋经济体系,并通过"国际海洋周"等推广海洋经济。厦门大学的海洋科学研究、厦门大学在马来西亚设立分校、华侨大学在泰国设立分校、举办南洋文化节、打造嘉庚论坛……都为厦门打造21世纪海上丝绸之路战略支点城市奠定了人文社会基础。

在未来的全方位对外开放进程中,要不断加强和改善国际一流营商环境的建设,不断提升利用外资、对外投资和进出口贸易的规模和效益,全面提高开放型经济发展水平。并且,在此过程中,加快推进两岸城市间合作机制的先行先试,在厦门、金门融合发展方面取得新突破,将台湾的"中小企业、中青年和中下阶层"融入厦门建设"海丝"战略支点城市的进程之中,通过对台湾和"海丝"沿线国家与地区的"人的融合与吸纳",将厦门建设成为两岸与"海丝"沿线重点国家与地区之间经贸合作最紧密区域、文化交流最活跃平台、直接往来最便捷通道、同胞侨胞融合最温馨家园和双边多边民间交往最亲密基地。

附录　厦门对外经济发展状况统计

附表 1 - 1　对外经济主要指标增长情况

指　标	2014 年	2013 年	比 2013 年增长（%）
外贸进出口总额(海关数)(万美元)	8355311	8409432	- 0.6
出口总额(万美元)	5316484	5235398	1.6
进口总额(万美元)	3038827	3174034	- 4.3
直接利用外资项目个数(个)	417	331	26.0
合同利用外资(万美元)	299338	183588	63.0
实际利用外资(万美元)	197101	185608	6.2
国家银行结汇收入(万美元)	4276277	4322480	- 1.1
国家银行售汇支出(万美元)	2903756	1908922	52.1
全市税收收入(万元)	8577309	7776659	10.3
涉外税收(万元)	2637942	2472494	6.7

附表 1 - 2　外贸进出口总额及涉外金融业务（1980 ~ 2014 年）

单位：万美元

年份	外贸进出口总额	#出口总额	国家银行外汇结汇收入	国家银行外汇售汇支出
1980	14143	14027	16137	450
1981	15128	14110	15973	1357
1982	14721	13196	14966	1660
1983	13986	12827	13972	1230
1984	30383	14585	17246	15359
1985	44398	16528	9952	2111
1986	27838	16374	12780	5110
1987	41576	26107	14302	5758
1988	87386	57607	9016	4234
1989	97129	64678	13983	5706
1990	115269	78148	25775	15145
1991	173070	115062	44325	17389
1992	284168	176568	57260	35508
1993	409524	235527	46756	18532
1994	565087	339088	169085	79436
1995	603326	347915	193227	163917
1996	745310	366938	219576	320093
1997	852015	455261	324174	391673
1998	761389	429573	268415	320242
1999	796852	443709	277845	211987
2000	1004940	587982	366947	220196
2001	1107873	650492	450068	214390
2002	1518695	879376	526885	245935
2003	1871127	1055443	643410	419400
2004	2408454	1394156	889122	520450
2005	2857932	1726820	1071252	567946
2006	3279129	2050838	1408451	661511
2007	3978299	2555470	1963290	830894

续表

年份	外贸进出口总额	#出口总额	国家银行外汇结汇收入	国家银行外汇售汇支出
2008	4538878	2939434	2428776	1016430
2009	4331440	2766782	1915250	800532
2010	5703644	3552468	2688295	969006
2011	7016667	4264724	3392170	1404567
2012	7449123	4540179	3673675	1913461
2013	8409432	5235398	4322480	1908922
2014	8355311	5316484	4276277	2903756

附表 1-3　历年利用外资情况（1980～2014 年）

年份	项目（个）		合同外资（万美元）		实际外资（万美元）	
	实绩	环比指数（%）（以上年为100）	实绩	环比指数（%）（以上年为100）	实绩	环比指数（%）（以上年为100）
1980～1982	1	—	1265	—	—	—
1983	22	—	8440	—	794	—
1984	84	381.8	14616	173.2	4044	509.3
1985	105	125.0	24203	165.6	7328	181.2
1986	34	32.4	2759	11.4	3393	46.3
1987	50	147.1	5671	205.5	1753	51.7
1988	180	360.0	15564	274.4	4796	273.6
1989	201	111.7	51449	330.6	20980	437.4
1990	262	130.3	48555	94.4	7273	34.7
1991	213	81.3	51975	107.0	13256	182.3
1992	443	208.0	169791	326.7	56355	425.1
1993	655	147.9	240411	141.6	92512	164.2
1994	692	105.6	186487	77.6	124148	134.2
1995	505	73.0	178741	95.8	132160	106.5
1996	375	74.3	165045	92.3	135017	102.2
1997	460	122.7	165632	100.4	137867	102.1

续表

年份	项目(个)		合同外资(万美元)		实际外资(万美元)	
	实绩	环比指数(%)(以上年为100)	实绩	环比指数(%)(以上年为100)	实绩	环比指数(%)(以上年为100)
1998	245	53.3	168811	101.9	138121	100.2
1999	209	85.3	128655	76.2	134196	97.2
2000	259	123.9	100400	78.0	103150	76.9
2001	343	132.4	120342	119.9	115271	111.8
2002	380	110.8	138632	115.2	64730	56.2
2003	374	98.4	66912	48.3	42200	65.2
2004	435	116.3	105514	157.7	57024	135.1
2005	364	83.7	129496	122.7	70746	124.1
2006	569	156.3	310297	239.6	95461	134.9
2007	472	82.9	248023	79.9	127165	133.2
2008	356	75.4	189641	76.5	204243	160.6
2009	325	91.3	136484	72.0	168679	82.6
2010	398	122.5	164321	120.4	169653	100.6
2011	368	92.5	224190	136.4	172566	101.7
2012	331	89.9	182759	81.5	159453	92.4
2013	331	100.0	183588	100.5	185608	116.4
2014	417	126.0	299338	163.0	197101	106.2

注：2003~2014 年数据为新口径统计数。

附表 1-4　外贸进出口总额情况（海关数）

单位：万美元

项目	2014 年	2013 年
进出口总额	8355311	8409432
出口总额	5316484	5235398
按贸易方式分		
一般贸易	3405084	3357817
来料加工	153110	175093

续表

项目	2014 年	2013 年
进料加工	1260581	1255189
保税仓库	205816	156728
保税区	291041	289918
其 他	852	653
按企业性质分		
国 营	487205	419299
集 体	58535	67059
私 营	2595454	2570550
合 作	9065	10036
合 资	464246	476493
独 资	1701949	1691961
其 他	30	
进口总额	3038827	3174034
按贸易方式分		
一般贸易	1689881	1737312
来料加工	242267	301017
进料加工	683886	730629
保税仓库	279491	195218
保税区	123295	134178
租赁贸易	18	32436
三资设备	6980	30086
来料设备	8	97
其 他	13001	13061
按企业性质分		
国 营	704023	736176
集 体	26944	18711
私 营	764472	675990
合 作	14653	14758
合 资	356162	422563
独 资	1172556	1305823
其 他	17	13

附表 1-5 外贸进出口主要国家和地区 （海关数）

单位：万美元，%

国家（地区）	2014 年	2013 年	比 2013 年增长	占全市比重
美国	1270652	1202765	5.6	15.21
中国台湾	704497	809369	-13.0	8.43
中国香港	524532	557485	-5.9	6.28
日本	512699	530421	-3.3	6.14
韩国	382594	380815	0.5	4.58
德国	296373	285066	4.0	3.55
马来西亚	273105	278604	-2.0	3.27
菲律宾	269366	291956	-7.7	3.22
澳大利亚	252403	222547	13.4	3.02
英国	195344	175981	11.0	2.34
印度	175746	151003	16.4	2.10
巴西	161731	186312	-13.2	1.94
泰国	152956	170470	-10.3	1.83
墨西哥	145511	142659	2.0	1.74
越南	144051	164493	-12.4	1.72
印度尼西亚	142466	150322	-5.2	1.71
加拿大	142190	148155	-4.0	1.70
荷兰	140682	116553	20.7	1.68
阿联酋	138191	133329	3.7	1.65
新加坡	137866	129730	6.3	1.65
俄罗斯联邦	127990	124523	2.8	1.53
法国	109416	91111	20.1	1.31
土耳其	90785	89836	1.1	1.09
意大利	89739	78750	14.0	1.07
波兰	71787	71467	0.4	0.86
西班牙	71389	69847	2.2	0.85
埃及	70930	74666	-5.0	0.85
智利	70764	70607	0.2	0.85
沙特阿拉伯	70289	73072	-3.8	0.84

续表

国家(地区)	2014 年	2013 年	比 2013 年增长	占全市比重
南非	66478	81522	-18.5	0.80
伊朗	63971	94696	-32.4	0.77
比利时	57747	51391	12.4	0.69
乌克兰	51627	32690	57.9	0.62
新西兰	42268	34605	22.1	0.51
斯洛伐克	41962	37284	12.5	0.50
哥斯达黎加	36827	47578	-22.6	0.44
巴拿马	35159	32886	6.9	0.42
巴基斯坦	34302	26936	27.3	0.41
伊拉克	30585	32422	-5.7	0.37
以色列	30369	30659	-0.9	0.36
瑞典	27900	23777	17.3	0.33
匈牙利	27340	28663	-4.6	0.33
阿尔及利亚	27246	20841	30.7	0.33
芬兰	26816	27772	-3.4	0.32
秘鲁	24423	25842	-5.5	0.29
尼日利亚	23959	18143	32.1	0.29
丹麦	22203	22169	0.2	0.27
阿根廷	21446	36664	-41.5	0.26
孟加拉国	19337	16402	17.9	0.23
科威特	19185	22332	-14.1	0.23
挪威	18778	18426	1.9	0.22
哥伦比亚	18483	16730	10.5	0.22
捷克	17959	9548	88.1	0.21
希腊	16544	16514	0.2	0.20
约旦	15552	12456	24.9	0.19
缅甸	15380	9909	55.2	0.18
阿曼	14920	16131	-7.5	0.18
葡萄牙	14416	16679	-13.6	0.17
卡塔尔	13748	13256	3.7	0.16

续表

国家（地区）	2014 年	2013 年	比 2013 年增长	占全市比重
利比亚	11131	18113	−38.5	0.13
安哥拉	11028	6947	58.7	0.13
吉尔吉斯斯坦	10731	7166	49.7	0.13
瑞士	10605	17857	−40.6	0.13
也门	10506	7313	43.7	0.13
委内瑞拉	9893	15003	−34.1	0.12
罗马尼亚	8774	9365	−6.3	0.11
加纳	8727	9177	−4.9	0.10
黎巴嫩	8551	7124	20.0	0.10
奥地利	8429	7367	14.4	0.10
柬埔寨	8425	7004	20.3	0.10
利比里亚	8128	4981	63.2	0.10
乌拉圭	8121	13841	−41.3	0.10
喀麦隆	7909	7853	0.7	0.09
斯洛文尼亚	7656	7267	5.4	0.09
斯里兰卡	7630	6810	12.0	0.09
爱尔兰	7586	6180	22.8	0.09
哈萨克斯坦	7201	5034	43.0	0.09
肯尼亚	6770	5003	35.3	0.08
塞拉利昂	6279	5887	6.7	0.08
厄瓜多尔	6015	5832	3.1	0.07
马达加斯加	6013	4948	21.5	0.07
马耳他	5894	9843	−40.1	0.07
摩洛哥	5684	10763	−47.2	0.07
毛里塔尼亚	5650	8779	−35.6	0.07
坦桑尼亚	5615	5240	7.2	0.07
莫桑比克	5299	3892	36.2	0.06
拉脱维亚	4694	4033	16.4	0.06
多米尼加共和国	4495	2593	73.4	0.05
克罗地亚	4347	7815	−44.4	0.05

续表

国家（地区）	2014 年	2013 年	比 2013 年增长	占全市比重
立陶宛	4175	3848	8.5	0.05
贝宁	4024	3180	26.5	0.05
保加利亚	3985	2949	35.1	0.05
苏丹	3822	2924	30.7	0.05
巴林	3646	3435	6.1	0.04
危地马拉	3527	3439	2.6	0.04
埃塞俄比亚	3513	2701	30.1	0.04
赞比亚	3210	1616	98.6	0.04
刚果（金）	3195	2180	46.6	0.04
塔吉克斯坦	3189	741	330	0.04
多民族玻利维亚国	3139	2824	11.2	0.04
巴布亚新几内亚	2999	5386	-44.3	0.04
文莱	2889	2593	11.4	0.03
吉布提	2843	3240	-12.3	0.03
洪都拉斯	2380	2386	-0.3	0.03
巴拉圭	2186	2128	2.7	0.03
纳米比亚	2119	1955	8.4	0.03
科特迪瓦	1891	1168	61.9	0.02
叙利亚	1878	1212	55.0	0.02
加蓬	1864	676	176	0.02
突尼斯	1836	1896	-3.2	0.02
黑山	1835	405	353	0.02
萨尔瓦多	1743	1684	3.5	0.02
塞浦路斯	1722	972	77.2	0.02
多哥	1520	1457	4.3	0.02
阿尔巴尼亚	1503	1604	-6.3	0.02
爱沙尼亚	1482	1738	-14.7	0.02
格鲁吉亚	1454	2221	-34.5	0.02
古巴	1334	913	46.1	0.02
老挝	1298	482	169	0.02

续表

国家（地区）	2014 年	2013 年	比 2013 年增长	占全市比重
斐济	1292	1453	− 11.1	0.02
牙买加	1246	1066	16.9	0.01
乌兹别克斯坦	1230	960	28.1	0.01
波多黎各	1212	1566	− 22.6	0.01
中国澳门	1172	992	18.1	0.01
塞内加尔	1171	1322	− 11.4	0.01
毛里求斯	1127	1411	− 20.1	0.01
白俄罗斯	1115	2518	− 55.7	0.01
卢旺达	1109	2022	− 45.2	0.01
赤道几内亚	1100	1108	− 0.7	0.01
刚果（布）	1038	599	73.3	0.01
冰岛	1025	840	22.0	0.01

附表 1－6 外贸出口主要国家和地区（海关数）

单位：万美元，%

国家（地区）	2014 年	2013 年	比 2013 年增长	占全市比重
美国	907998	852675	6.5	17.08
中国香港	516846	542804	− 4.8	9.72
日本	333473	335292	− 0.5	6.27
德国	229999	217703	5.6	4.33
韩国	198543	187213	6.1	3.73
菲律宾	185669	219787	− 15.5	3.49
英国	161322	136565	18.1	3.03
台湾省	155910	142229	9.6	2.93
马来西亚	154888	162367	− 4.6	2.91
墨西哥	138244	130235	6.2	2.60
阿联酋	132977	125750	5.7	2.50
荷兰	132166	108051	22.3	2.49
越南	103484	125467	− 17.5	1.95
俄罗斯联邦	89282	103275	− 13.5	1.68

国家(地区)	2014 年	2013 年	比 2013 年增长	占全市比重
印度	86730	74441	16.5	1.63
澳大利亚	82322	76790	7.2	1.55
印度尼西亚	76605	87150	−12.1	1.44
巴西	73795	113544	−35.0	1.39
法国	72897	66354	9.9	1.37
加拿大	71146	72493	−1.9	1.34
新加坡	70436	67680	4.1	1.32
波兰	69728	70140	−0.6	1.31
泰国	68862	72210	−4.6	1.30
意大利	67189	55395	21.3	1.26
西班牙	60133	56975	5.5	1.13
埃及	59682	59493	0.3	1.12
比利时	53146	46591	14.1	1.00
沙特阿拉伯	50944	55402	−8.1	0.96
智利	50483	52073	−3.1	0.95
土耳其	42317	40631	4.2	0.80
斯洛伐克	41592	36831	12.9	0.78
南非	38573	46210	−16.5	0.73
巴拿马	34444	32684	5.4	0.65
伊朗	30794	18097	70.2	0.58
伊拉克	30585	32422	−5.7	0.58
阿尔及利亚	27246	20841	30.7	0.51
以色列	26042	29068	−10.4	0.49
匈牙利	25762	26359	−2.3	0.48
巴基斯坦	25039	16275	53.8	0.47
尼日利亚	23688	17846	32.7	0.45
瑞典	19286	16908	14.1	0.36
阿根廷	19134	27406	−30.2	0.36
孟加拉国	18847	15853	18.9	0.35
哥伦比亚	18376	16627	10.5	0.35

续表

国家(地区)	2014 年	2013 年	比 2013 年增长	占全市比重
芬兰	18333	17320	5.8	0.34
丹麦	17299	16907	2.3	0.33
秘鲁	17058	15532	9.8	0.32
约旦	15549	12447	24.9	0.29
捷克	15010	6828	120	0.28
缅甸	14729	9276	58.8	0.28
希腊	11620	10625	9.4	0.22
利比亚	11131	18113	-38.5	0.21
吉尔吉斯斯坦	10731	7166	49.7	0.20
也门	10407	7291	42.7	0.20
安哥拉	10343	5914	74.9	0.19
乌克兰	10063	15109	-33.4	0.19
新西兰	9841	9304	5.8	0.19
葡萄牙	9666	11284	-14.3	0.18
科威特	9626	9816	-1.9	0.18
黎巴嫩	8538	7105	20.2	0.16
加纳	8442	9074	-7.0	0.16
挪威	7887	11756	-32.9	0.15
柬埔寨	7829	6916	13.2	0.15
罗马尼亚	7263	7939	-8.5	0.14
斯洛文尼亚	7211	7027	2.6	0.14
哈萨克斯坦	7167	4971	44.2	0.13
阿曼	7134	3132	128	0.13
肯尼亚	6616	4967	33.2	0.12
斯里兰卡	6511	5657	15.1	0.12
喀麦隆	6483	6691	-3.1	0.12
瑞士	6055	9473	-36.1	0.11
卡塔尔	5978	5697	4.9	0.11
乌拉圭	5864	6842	-14.3	0.11

续表

国家(地区)	2014 年	2013 年	比 2013 年增长	占全市比重
马耳他	5681	9428	-39.7	0.11
委内瑞拉	5575	9980	-44.1	0.10
爱尔兰	5480	4509	21.5	0.10
坦桑尼亚	5413	5212	3.9	0.10
马达加斯加	5158	4215	22.4	0.10
奥地利	5017	4566	9.9	0.09
摩洛哥	5012	10381	-51.7	0.09
厄瓜多尔	4631	4624	0.2	0.09
多米尼加共和国	4419	2538	74.1	0.08
拉脱维亚	4221	3900	8.2	0.08
苏丹	3777	2754	37.2	0.07
贝宁	3774	2994	26.1	0.07
克罗地亚	3760	7504	-49.9	0.07
保加利亚	3721	2718	36.9	0.07
巴林	3646	3434	6.2	0.07
毛里塔尼亚	3590	2300	56.1	0.07
立陶宛	3532	3426	3.1	0.07
危地马拉	3418	3434	-0.5	0.06
莫桑比克	3250	1985	63.7	0.06
塔吉克斯坦	3189	741	330	0.06
哥斯达黎加	2895	2673	8.3	0.05
吉布提	2842	3238	-12.2	0.05
文莱	2682	2289	17.2	0.05
多民族玻利维亚国	2289	1845	24.1	0.04
埃塞俄比亚	2215	1326	67.0	0.04
巴拉圭	2131	2076	2.6	0.04
洪都拉斯	2111	2382	-11.4	0.04
刚果(金)	1871	1240	50.9	0.04
叙利亚	1865	1209	54.3	0.04

续表

国家（地区）	2014 年	2013 年	比 2013 年增长	占全市比重
科特迪瓦	1795	1062	69.0	0.03
塞浦路斯	1708	897	90.4	0.03
萨尔瓦多	1702	1677	1.5	0.03
黑山	1636	405	304	0.03
突尼斯	1490	1494	- 0.3	0.03
阿尔巴尼亚	1456	1333	9.2	0.03
格鲁吉亚	1412	2220	- 36.4	0.03
古巴	1334	913	46.1	0.03
多哥	1279	1450	- 11.8	0.02
爱沙尼亚	1257	1631	- 22.9	0.02
牙买加	1246	1056	18.0	0.02
中国澳门	1172	991	18.3	0.02
波多黎各	1137	1459	- 22.1	0.02
毛里求斯	1125	1330	- 15.4	0.02
赤道几内亚	1090	1108	- 1.6	0.02
塞内加尔	1072	1229	- 12.8	0.02

附表 1 - 7　外贸进口主要国家和地区（海关数）

单位：万美元，%

国家（地区）	2014 年	2013 年	比 2013 年增长	占全市比重
中国台湾	548587	667140	- 17.8	18.05
美国	362654	350091	3.6	11.93
韩国	184051	193602	- 4.9	6.06
日本	179227	195129	- 8.1	5.90
澳大利亚	170080	145757	16.7	5.60
马来西亚	118217	116238	1.7	3.89
印度	89016	76562	16.3	2.93
巴西	87936	72768	20.8	2.89
泰国	84094	98260	- 14.4	2.77

续表

国家(地区)	2014 年	2013 年	比 2013 年增长	占全市比重
菲律宾	83698	72169	16.0	2.75
加拿大	71044	75663	-6.1	2.34
新加坡	67429	62050	8.7	2.22
德国	66374	67363	-1.5	2.18
印度尼西亚	65861	63171	4.3	2.17
土耳其	48468	49205	-1.5	1.59
乌克兰	41564	17581	136	1.37
越南	40567	39026	3.9	1.33
俄罗斯联邦	38707	21248	82.2	1.27
法国	36519	24757	47.5	1.20
英国	34022	39416	-13.7	1.12
哥斯达黎加	33932	44905	-24.4	1.12
伊朗	33177	76599	-56.7	1.09
新西兰	32428	25301	28.2	1.07
南非	27905	35312	-21.0	0.92
意大利	22550	23355	-3.4	0.74
智利	20280	18534	9.4	0.67
沙特阿拉伯	19345	17670	9.5	0.64
西班牙	11256	12873	-12.6	0.37
埃及	11248	15172	-25.9	0.37
挪威	10891	6670	63.3	0.36
科威特	9558	12516	-23.6	0.31
巴基斯坦	9263	10661	-13.1	0.30
瑞典	8614	6870	25.4	0.28
荷兰	8515	8502	0.2	0.28
芬兰	8483	10452	-18.8	0.28
利比里亚	7818	4746	64.7	0.26
阿曼	7786	12999	-40.1	0.26
卡塔尔	7770	7558	2.8	0.26
中国香港	7686	14681	-47.6	0.25
秘鲁	7365	10310	-28.6	0.24
墨西哥	7266	12424	-41.5	0.24

续表

国家(地区)	2014 年	2013 年	比 2013 年增长	占全市比重
塞拉利昂	6104	5675	7.6	0.20
阿联酋	5214	7579	−31.2	0.17
希腊	4924	5889	−16.4	0.16
丹麦	4904	5263	−6.8	0.16
葡萄牙	4750	5394	−11.9	0.16
比利时	4602	4800	−4.1	0.15
瑞士	4550	8385	−45.7	0.15
以色列	4327	1591	172	0.14
委内瑞拉	4318	5023	−14.0	0.14
奥地利	3412	2802	21.8	0.11
捷克	2950	2720	8.5	0.10
赞比亚	2598	979	165	0.09
阿根廷	2313	9258	−75.0	0.08
乌拉圭	2258	6999	−67.7	0.07
巴布亚新几内亚	2170	4553	−52.3	0.07
爱尔兰	2107	1671	26.1	0.07
毛里塔尼亚	2060	6478	−68.2	0.07
波兰	2059	1327	55.2	0.07
莫桑比克	2049	1907	7.4	0.07
匈牙利	1577	2305	−31.6	0.05
罗马尼亚	1511	1426	6.0	0.05
喀麦隆	1426	1162	22.7	0.05
厄瓜多尔	1384	1208	14.6	0.05
刚果(金)	1324	940	40.9	0.04
加蓬	1308	340	285	0.04
埃塞俄比亚	1299	1375	−5.5	0.04
纳米比亚	1191	895	33.1	0.04
老挝	1171	288	307	0.04
斯里兰卡	1119	1153	−2.9	0.04
卢旺达	1077	1956	−44.9	0.04

附表 1-8 直接利用外资基本情况

单位：个，万美元

项目	历年累计	2014 年
项目个数	10454	417
台资	3643	155
合同利用外资	4251199	298338
台资	554855	27710
实际利用外资	2947043	197101
台资	357547	6102

附表 1-9 外商直接投资情况

项目	批准签订的合同			实际利用外资	
	项目数（个）	合同利用外资（万美元）	比 2013年增长（%）	实际利用外资（万美元）	比 2013年增长（%）
总计	417	299338	63.0	197101	6.2
按方式分					
中外合资企业	78	76089	45.7	43735	105
中外合作企业	—	1057	—	1200	-27.2
外资企业	338	220927	70.4	149639	-6.9
外商投资股份制	1	1265	-26.4	2527	28.3
按产业分					
第一产业	1	33	-85.1	—	—
第二产业	51	120433	38.0	78637	17.9
制造业	44	119111	37.8	78386	18.8
电力、燃气及水的生产和供应业	1	947	28.0	—	—
建筑业	6	375	229	251	122
第三产业	365	178872	86.2	118464	-0.3
交通运输、仓储和邮政业	1	1311	-72.2	10936	117

续表

项目	批准签订的合同			实际利用外资	
	项目数（个）	合同利用外资（万美元）	比 2013 年增长（%）	实际利用外资（万美元）	比 2013 年增长（%）
按产业分					
信息传输、计算机服务和软件业	33	8617	126	2333	37.7
批发和零售业	157	28549	18.3	10291	−75.7
住宿和餐饮业	9	173	−81.4	3156	131.4
金融业	9	22752	75.1	7029	746
房地产业	8	91552	293	64955	28.4
租赁和商务服务业	55	12288	−29.2	6030	−52.4
科学研究、技术服务和地质勘查业	82	11099	33.1	9733	173
水利、环境和公共设施管理业	1	32	−92.4	—	—
居民服务和其他服务业	3	401	395	—	—
卫生、社会保障和社会福利业	—	1438	—	—	—
文化、体育和娱乐业	7	660	3374	4001	8413
按主要国家和地区分					
中国香港	151	176044	62.7	117899	−8.9
英属维尔京群岛	7	55393	359	35293	186
新加坡	11	8871	−58.6	17895	189
中国台湾	155	27710	118	6102	−36.1
萨摩亚	8	3771	−68.8	5520	−22.9
日本	2	9014	1518	3819	60.5
中国澳门	2	614	−66.3	1082	7.7
塞舌尔	5	214	−78.6	936	119
美国	20	400	−88.8	710	−83.5
韩国	7	4655	1358	533	168

附表 1-10 外商直接投资历年累计情况

单位：个，亿美元

项 目	批准签订的合同		实际利用外资
	项目数	合同利用外资	
总计	10454	425.22	294.70
按利用外资方式分			
中外合资企业	2484	86.71	70.90
中外合作企业	549	36.71	29.82
外资企业	7409	299.43	190.32
外商投资股份制	12	2.37	3.66
按产业分			
第一产业	167	3.40	2.07
第二产业	5873	239.39	170.73
第三产业	4414	182.43	121.90
按主要行业分			
农业	167	3.40	2.07
工业	5803	238.65	170.15
建筑业	70	0.74	0.58
交通运输仓储业	179	10.67	8.07
商贸饮食服务业	2252	40.68	25.48
房地产业	714	92.82	67.24
社会服务业	835	23.03	14.08
其他	434	15.23	7.03

附表 1-11 历年累计利用外资国家（地区）情况

单位：个，万美元

国别（地区）	项目数	合同利用外资	实际利用外资
中国香港	3770	2198887	1466368
英属维尔京群岛	335	551359	407609
中国台湾	3643	554855	357547
美国	485	141361	115112
新加坡	499	154288	108080

续表

国别（地区）	项目数	合同利用外资	实际利用外资
萨摩亚	180	109846	87892
日本	299	81347	62500
马来西亚	132	55251	47836
开曼群岛	23	39880	34729
投资性公司投资	24	92481	33555
菲律宾	198	38772	28101
毛里求斯	47	17632	27035
瑞士	5	26812	24753
德意志联邦共和国	73	30949	22147
中国澳门	77	28396	19352
英国	54	11703	12220
韩国	110	18181	11407
澳大利亚	106	13971	9371
荷兰	29	8914	9168
泰国	33	9534	6696
印度尼西亚	41	8089	6690
葡萄牙	5	1775	6324
文莱	51	6265	5420
加拿大	107	7127	5178
法国	33	3791	4587
塞舌尔	47	9000	4046
丹麦	20	3459	2571
库克群岛	3	1202	2251
卢森堡	—	5504	2101
新西兰	22	936	1919
奥地利	9	1798	1420
巴巴多斯	5	1149	1367
挪威	8	1669	1132
意大利	33	1420	1049
伯利兹	5	2310	1024

续表

国别(地区)	项目数	合同利用外资	实际利用外资
西班牙	16	1327	1024
约旦	6	1523	973
巴拿马	1	140	755
瑞典	7	1108	748
巴哈马	2	677	615
比利时	7	226	358
土耳其	16	483	224
马绍尔群岛共和国	3	1029	175
南非	6	276	170
匈牙利	3	422	135
圣其茨—尼维斯	1	—	113
印度	11	219	112
多米尼加共和国	—	−574	100
大洋洲其他	—	−143	93
以色列	5	38	87
纳米比亚	1	−132	58
其他太平洋岛屿	2	−154	56
阿根廷	3	122	51
巴基斯坦	1	50	51
俄罗斯	6	91	49
伊朗	10	247	46
希腊	2	85	38
巴西	3	50	35
叙利亚	4	46	30
黎巴嫩	4	82	29
瑙鲁	1	189	22
阿拉伯联合酋长国	1	20	22
阿富汗	1	20	20
捷克共和国	2	28	20
安奎拉	1	100	20

续表

国别(地区)	项目数	合同利用外资	实际利用外资
塞浦路斯	2	21	17
波兰	3	102	16
爱尔兰	2	198	15
越南	3	40	15
百慕大	3	838	14
埃及	5	81	13
玻利维亚	1	20	13
莱索托	1	16	10
伊拉克	1	10	10
乌克兰	2	17	7
哥伦比亚	1	8	7
瓦努阿图	1	10	6
罗马尼亚	1	5	5
沙特阿拉伯	2	14	4
孟加拉国	3	229	2
喀麦隆	1	100	—
吉尔吉斯斯坦	1	25	—
智利	1	16	—
阿尔及利亚	2	51	—
布基纳法索	—	2	—
斐济	—	2	—
危地马拉	1	6	—
利比亚	1	2	—
拉脱维亚	1	2	—
墨西哥	1	17	—
冰岛	1	10	—
其他	10	2849	2103
合计	10454	4252199	2947043

注：合同利用外资为负值原因为项目投资者发生股权转让（转为其他国家投资）或减资。

第二章　厦门全面对外开放的愿景

厦门地处东南沿海，面对台湾海峡，是长三角地区和珠三角地区的黄金连接点，是重要的出海口，航线覆盖60多个港口（全球第17位），和台湾具有深厚的血缘亲缘联系。厦门与漳州、泉州并称"厦漳泉"，共同组成闽南金三角经济区，该区域是著名的侨乡。厦门是五个开发开放类国家综合配套改革试验区之一（即"新特区"）、"中国（福建）自由贸易试验区"三片区之一，也是两岸新兴产业和现代服务业合作示范区、东南国际航运中心、两岸区域性金融服务中心和两岸贸易中心等。作为全国第一批四个特区之一、计划单列市和福建自贸区的重要片区，厦门既是大陆对台工作前沿平台和两岸关系的支点，又是21世纪海上丝绸之路经贸合作前沿平台的重要组成部分。

三十多年来，厦门的发展实践已经体现了创新、协调、绿色、开放、共享的发展理念。在未来的发展中，厦门应当通过深

---

*　魏南枝，中国社会科学院美国研究所副研究员；张超，中国社会科学院美国研究所博士后研究人员。

化改革开放进一步激发活力动力，充分挖掘和发挥自身的区位地缘优势、人文历史纽带优势、政策倾斜优势及与海上丝绸之路沿线国家产业互补优势等多重优势，推进"美丽中国典范城市"和"展现中国梦的样板城市"建设；在融入国家整体战略进程中加快转型、促进有质量和有效益的发展，促进区域经济一体化发展；充分发挥"五缘"优势，大力拓展厦台、厦门与海外华侨华人的各项交流合作，特别是可以吸纳台湾地区在东盟投资的丰富经验和人力资源共同参与"一带一路"倡议，将台胞与侨胞两项优势有机结合起来，提升自身对内对外经济与文化辐射力，更好地服务和促进两岸关系和平发展，构建厦门全方位对外开放的新格局，将厦门建设成为 21 世纪海上丝绸之路的战略支点城市。

第一节　构建全面对外开放新格局的挑战

从城市治理、经济发展、社会管理、多元文化（特别是闽南文化）和生态保护等多个角度分析，厦门市具有硬实力与软实力相结合的独特优势，具有建设海上丝绸之路的战略支点城市的基础性条件。同时因为其"五缘"因素，厦门在台湾民众和广大华侨华人群体中具有吸引力，可以沿着"美丽厦门、共同缔造"的共享式发展路径成为中国梦的典范城市，进而成为体现中国大陆的制度优势与文化软实力等的窗口。除了主动适应经济发展新常态、积极应对各种困难和挑战，厦门自身发展和构建全方位对外开放格局进程中面临土地资源匮乏、区域整合乏力、中等城市转型、大海湾城市发展战略实施受多方约束等问题。

一 区域整合乏力

要推进厦门的全面对外开放、发挥厦门在东南地区和 21 世纪海上丝绸之路的中心枢纽作用，就需要有高端产业带动整个多元化产业链的发展，并且，第三产业的发展需要有强大的第二产业作为基础，需要提升对内对外辐射能力。这些都需要厦门突破目前土地资源瓶颈、突破现有行政区划的限制，像深圳对珠三角地区、上海对长三角地区所发挥的领头雁作用一样，具有更大影响与辐射力。目前厦门的区域整合乏力体现在三个层面：第一，厦门自身岛内外区域整合亟待加强；第二，厦漳泉区域一体化发展亟待推进；第三，厦门对福建省和中部省份的辐射力亟待加强。

1. 土地资源匮乏与岛内外整合

厦门的全面对外开放需要扩大自身经济体量，但现在土地要素的过于昂贵导致厦门整个生产和运行成本高，区域整合乏力导致厦门的可持续发展空间受到限制。表 2－1 对深圳、厦门、珠海和汕头四个经济特区的一些基本情况进行对比。

表 2－1　四个经济特区 2015 年基本数据比较

城市	土地面积（平方公里）	建成面积（平方公里）	常住人口（万人）	户籍人口（万人）	地区生产总值(亿元)	城镇居民人均可支配收入（万元）
深圳	1996.78	900	1137.89	354.99	17502.99	4.4633
厦门	1573.16	317	386	211.15	3466.01	4.2607
珠海	1724.32	128	163.41	112.45	2024.98	3.8322
汕头	2064.42	—	555.21	540	1850.01	2.3260

资料来源：深圳市、厦门市、珠海市、汕头市 2015 年度国民经济和社会发展统计公报。

表 2 - 1 的数据表明,厦门的土地面积是四个特区中最小的,但地区生产总值和城镇居民人均可支配收入仅次于深圳,单位空间的生产率非常突出。厦门的土地、人口等资源的开发利用程度与深圳尚存在差距,两个城市的详细比较见图 2 - 1。

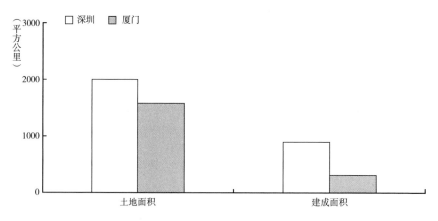

图 2 - 1 深圳与厦门的土地面积与建成面积比较

如图 2 - 1 所示,厦门土地面积为深圳土地面积的 78.79%,而建成面积为深圳的 35.22%,深圳建成面积占土地面积的比例为 45.07%,厦门的比例为 20.15%,厦门建成面积占土地面积比显著低于深圳,说明厦门城市中心区(厦门岛)之外的区域开发严重不足。表 2 - 2 的厦门下辖各区基本情况和图 2 - 2 进一步表明了厦门内部的区域整合程度亟待提高。

表 2 - 2 厦门各区基本情况比较

	全市	思明区	湖里区	海沧区	集美区	同安区	翔安区
土地面积(平方公里)	1573.16	75.31	65.78	255.9	170.36	649.73	356.08
人口数(2014 年,万人)	381	98.3	100.6	32.5	63.3	53.6	32.7
地区生产总值(2014 年,亿元)	3466.01	1056.08	778.14	511.70	494.15	245.32	380.62

资料来源:厦门市 2015 年统计年鉴。

　　图 2－2 表明，厦门内部区域整合力度不够，人口与经济高度集中在思明区和湖里区，例如，户籍人口中城镇人口 168.18 万，思明、湖里两区合计 101.48 万，占 60.3%，其他四个区的开发需要大力加强。并且，厦门的城市承载力还不强，区域性中心城市的辐射带动作用偏弱。

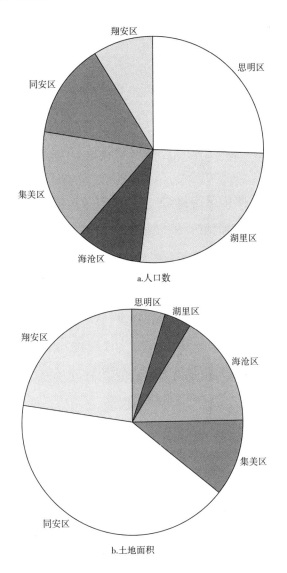

a.人口数

b.土地面积

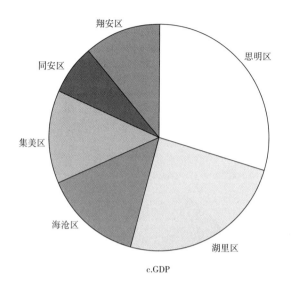

c.GDP

图 2 - 2 厦门各区基本情况比较

2. 厦漳泉一体化亟待推进

目前,尽管厦门的城市发展程度、城市居民收入、城市宜居度、科教文化发展水平等方面已经在福建省独占鳌头,但是厦门的土地面积、经济体量和福建省对厦门的定位等多方面的限制导致厦门的进一步发展受到掣肘。并且,厦门、漳州和泉州三个城市产业结构雷同,重复项目众多,对外口径不一,竞争大于合作,内耗严重,厦门目前难于在厦漳泉地区发挥龙头作用,详见表 2 - 3 和图 2 - 3。

表 2 - 3 厦漳泉和福州 2014 年基本数据比较

城市	土地面积 (平方公里)	常住人口 (万人)	地区生产总值 (亿元)	人均 GDP (元)	城镇居民人均可 支配收入(元)
厦门	1573.16	386	3466.01	90378	42607
泉州	11015	851	6137.74	72422	37275
漳州	12607	500	2767.45	55571	28092
福州	11968	750	5618.10	75259	34982

资料来源:厦门市、泉州市、漳州市、福州市 2015 年国民经济和社会发展统计公报。

从表 2 - 3 和图 2 - 3 可以看出，泉州 2015 年生产总值完成 6137. 74
亿元，占全省的近 1/4，连续 16 年居全省首位，比居第二位的福州
（5618. 10 亿元）高出 519. 64 亿元，与厦门（3466. 01 亿元）和漳州
（2767. 45 亿元）的总和基本相当，所以厦门无论从占地面积、人口
总数、经济总量等因素分析都难以在闽南地区发挥统领作用。

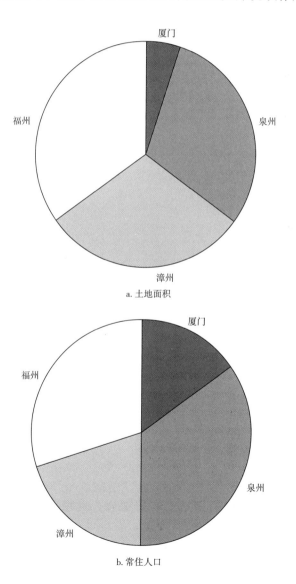

a. 土地面积

b. 常住人口

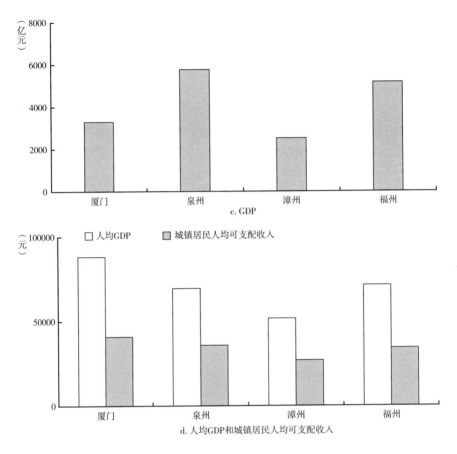

图 2－3　厦漳泉和福州 2014 年基本数据比较

　　当然，厦门的人均 GDP 和人均可支配收入占据明显优势，对于吸引优质人才具有很强的竞争力，有利于发展创新性产业和技术密集型企业。但是，因为受行政区划影响太大，即使在厦门目前保持优势地位的生物医药、软件信息、汽车等行业，目前也不可能实现厦漳泉地区内部的垂直分工。

　　即使厦门充分挖掘和高效率使用现有土地资源，常住人口发展到 500 万左右，但是，如果不能实现对"厦漳泉"地区的有效整合，不能以厦门的经济、技术和文化等多元优势有效辐射厦漳泉，形成"领头雁"和较大发展腹地之间的垂直分工和互动关系，那么整个闽南地区的产业升级和创新发展都面临困境。

长江三角洲和珠江三角洲地区的共同特点之一就是由一个龙头城市带动整个城市群的发展，为各种产业创新和优势产业的形成构筑坚实的腹地。然而，福建省内各地市之间存在条块分割、协调困难、无序竞争以及自身发展动力不足等问题，例如新批准的福州新区与厦门之间的功能区别究竟是什么？如何实现福建省内部不同地区之间的有效合作与优势互补？就福建省的整体性发展战略布局而言，福建省要加强指导和协调，突出重点地区，明确各区市的定位，应当将福州建设为福建省的政治行政中心城市，将"厦漳泉"城市群建设为经济中心，厦门市还可以更充分发挥其科教文化中心的作用，通过各区市的明确定位和发挥各地比较优势，突出重点、以点带面，有序推动形成优势互补、协同开放、联动发展的新局面，在参与"海丝"建设中形成全省一盘棋。

2009年，国务院曾经发布《关于支持福建省加快建设海峡西岸经济区的若干意见》，但是六年来该区域经济一体化的推进并不顺利，福建与江西、浙江等的合作并未有效建立。由于厦门在全国的战略地位突出，中央政府在改革开放以来给过厦门各种优惠政策。但是实际操作过程中，由于必须遵守既有规定，实现起来只能按部就班、难于突破，优惠政策无法充分发挥作用、达到预期效果。"一带一路"背景下的厦门对外开放，如何发挥政策优势、如何有序突破现有框架限制，是厦门推进改革开放和建设"海丝"战略支点城市能否顺利展开的关键环节。

要实现这个突破，首先，需要进一步理顺厦门市作为计划单列市和福建省之间的关系，将厦门在全国一盘棋的定位和在福建省的定位二者之间进行更好的协调，也就是要在理顺"条块关系"过程中给厦门更大的政策自主性；其次，需要以厦门作为城市治理绩效评估的突破点，也就是不仅仅从 GDP 等硬实力进行指标化评价，而是从城市管理、经济、社会、文化和生态等多个维度进行综合性发展评估，将厦门的市民共同体建设，即"美丽厦门、共同缔造"作为主要抓手，建设对台、对外宣传的软实力代表城市，也就是在理顺"绩效评估"过程中给厦门更大的指标自主性；最后，需要将厦门的对台、"海丝"和自贸区等工作有机组合起来，突破部门利益，给厦门在上述方面更多制度性授权，也就是在理顺"简政放权"过程中给厦门更大的制度自主性。

根据当前两岸关系和国际秩序的新发展趋势，从国家顶层设计来说，不仅需要对海西地区进行有效整合，还需要向西和向北发展，借助国家中部崛起的发展战略和丰沛资源，依托福建本身和中国内地腹地的市场和资源，将厦门建设成为福建省和中部省份都可以便捷利用的对外开放的窗口与平台；向东与台湾进行资源整合，依托与台湾的文化和血缘等的亲缘关系，加强城市间合作——力争建设与长三角地区和珠三角地区等量的海峡两岸城市群。

二　中等城市转型

除了发展空间不足、增长动力不强等潜在威胁，厦门面临中等城市转型困境：一方面房价和劳动力价格偏高，另一方面人口结构与深圳等相比老龄化程度高，外来人口比例相对低，经济增长活力相对低。详见图 2 - 4。

从图 2 - 4 可知，厦门常住人口为深圳常住人口的 33.92%，而户籍人口为深圳的 59.48%，厦门的流动人口比例显著低于深

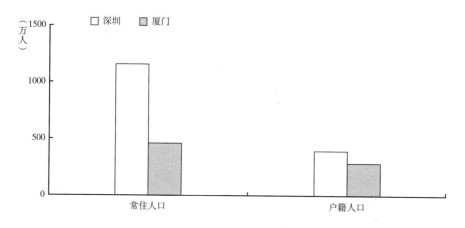

图 2 - 4 深圳与厦门的常住人口与户籍人口比较

圳，意味着外地年轻人在厦门就业的比例远低于深圳。

2015 年，厦门地区生产总值为深圳的 19.8%。根据第一章附表 1 - 3，从项目、合同外资到实际外资的数据表明，厦门利用外资的增长整体趋缓。而附表 1 - 4 所体现的 2013 年与 2014 年外贸进出口总额的对比可以看出，厦门的进出口总额仍然保持增长，出口仍占六成以上，其中来料加工等传统方式比重下降，一般贸易等趋于增长，私营经济发展态势积极。这就说明，厦门的劳动密集型产业因为人口结构等原因不占据优势，因而处于萎缩状态。

此外，厦门的人力成本偏高，厦门的职工工资收入水平已经接近深圳，2015 年厦门城镇居民人均可支配收入更是深圳的 95.46%，使得厦门的物价水平偏高，具体对比分析见图 2 - 5。

如图 2 - 5 所示，在建成面积、常住人口和地区生产总值等多项指标显著低于深圳的同时，厦门的城镇居民人均可支配收入已经非常接近深圳，职工平均工资与深圳的差距也不大。一方面，从吸引资本的角度而言，厦门的成本竞争不具备优势；另一方面，从城

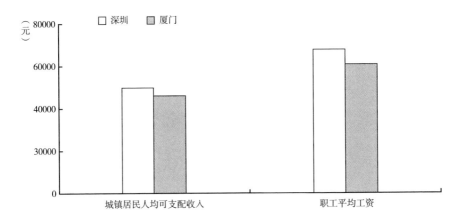

图 2-5 深圳与厦门的城镇居民人均可支配收入和职工平均工资比较

市发展理念的角度而言，厦门的改革开放成果惠及了厦门市民，使得厦门的城镇居民人均可支配收入在全国居前列。

综合上述三个方面分析，由于流动人口比例与深圳相比偏低，厦门面临"未富先老"的人口结构问题与成本偏高的产业转型升级问题。与上述问题相应的是，厦门以工业发展带动其他产业发展的路径面临当前工业增长后劲不足的局面，由于缺乏类似深圳的大宗产品集散地的产业支撑，工业发展无力为服务业持续增长提供支撑。厦门在过去二十多年的发展过程中高度依赖房地产，特别是思明区和湖里区等的经济增长过度依赖房地产，将大量人口向城市中心区集聚，导致市域内差距明显，本岛和岛外差距非常明显，经济发展规模处于中等水平，创新不足，成本竞争不具备优势。工业投资不足，过多的资金、资源配置给房地产业、对制造业等其他产业产生"挤出效应"；为了满足新建居民区的需要，大量财政资源集中投入城市基础设施、医院、教育等公共设施，导致财政主动投入产业的比例偏低；并且，厦门的高房价对人才形成"挤出效应"，当地经济发展需要"去房地产化"。

厦门经济的核心驱动力应当是制造业和旅游业，旅游是周期性行业，因此根本还是在于实体经济。近十几年来，厦门未能吸引大型企业，火炬高新区等发展迅速但尚未形成对整个厦门经济的带动作用。小微企业是吸纳社会就业、保证社会和谐的重要载体，受全球经济低迷、成本上涨、融资困难等因素的困扰，厦门小微工业的发展增速趋缓、经济效益有待提高。并且，如果这些小、散企业缺乏有效统筹，容易形成恶性竞争局面。根据上述因素，厦门原有以外来企业为主、加工环节为主的经济结构已经难以为继，因此成为全国最早开始转型升级的城市之一，加快调整产业结构，大力发展先进制造业和现代服务业，开始了构建现代产业支撑体系的产业转型探索和实践。

第二节　构建全面对外开放新格局的思路

在构建全面对外开放新格局的进程中，厦门既要保持原有的城市特色与优势，又要实现城市转型与产业升级，要在改善城市布局的同时扩大城市发展空间，尽快缩小厦门本岛和岛外差距，推进闽南金三角地区一体化。并且，考虑到国内外各种不可控因素增加、两岸关系随着台湾地区政治经济格局变化有走低趋势、中美日关系变化等因素，厦门将其与台湾地区的城市间合作与民间交流融入"一带一路"倡议之中更具有突破性和迫切性。同时，要利用"一带一路"倡议构想契机，打造要素集聚、货物集聚、信息集聚的"海丝"品牌，构建面向"海丝"的新型智慧城市，打造"海丝"战略支点城市。

一 城市转型与产业升级

厦门的城市转型要坚持对"人"的尊重这一厦门传统，满足重视人对自然环境、传统街区和文化底蕴等的多元需求，强化城市转型过程中的"利人原则"。通过结合厦门自身历史传统与文化社会特色进行的产业升级，不断提升产业竞争力，实现城市转型与产业升级并重过程中的软硬实力相结合发展。

1. 城市转型恪守以人为本

现代城市的发展经历了"集聚－分化"的循环反复过程，前者是城市存在的基础，后者构成一个城市发展的动力。厦门的城市发展以湖里区和思明区为中心，实现了经济带动人口集聚、人口集聚进一步带动经济发展的集聚历程。但是，随着厦门岛已经到了城市用地发展的生态底线，厦门的进一步城市发展则需要通过分化来实现，包括城市空间的多中心展开、多元社会主体的呈现和城市产业的不断更新等，这些分化才能不断产生出发展的推动力，进而形成新的城市资源集聚中心。

根据厦门市发展研究中心出版的《推动转型发展，建设美丽厦门——厦门市"十三五"经济社会发展战略思考》这一研究报告，目前厦门岛内的土地面积不到全市面积的 10%，但 GDP 规模是岛外的 1.18 倍，单位土地产出是岛外的 12 倍，人口规模是岛外的 1.1 倍，人口密度是岛外的 11.6 倍。因此，如图 2-6 所示，该报告预期未来的厦门发展将着力于厦门岛内外区域整合。

如图 2-6 所示，未来的厦门岛内外空间布局将不断优化，岛内外空间融合和协调发展格局加快形成。到 2020 年，厦门将基本实现岛内外一体化的总体目标，岛外地区的经济社会发展水平和城

岛内外发展趋势

GDP规模
岛内：岛外 1.18：1

单位土地产出
岛内：岛外 12：1

人口规模
岛内：岛外 1.1：1

人口密度
岛内：岛外 11.6：1

目前：
厦门岛内面积不到
全市面积的10%，
但单位土地产出和
人口密度远超岛外

2015年，
城市化率
提高到85%

预测
"十三五"期间，岛内
外空间布局将不断优化，
岛内外空间整合和协调
发展格局加快形成

图 2 - 6　厦门岛内外发展趋势

资料来源：人民网，《厦门十三五发展报告：2020 年常住人口达 550 万》，
http：//fj. people. com. cn/n/2014/1224/c234959 - 23326490. html。

市建设管理水平基本达到全市平均水平，部分地区甚至超过全市平均水平，成为厦门重要的先进制造业基地、高新技术产业聚集地、现代化综合交通枢纽和物流基地。在实现自身五个功能区整合过程中，要通过降低城市运作的成本、发展智慧社区、完善共同参与等，提升厦门自身的城市竞争力和城市吸引力。

　　尽管厦门未来的城市升级关键体现为厦门岛内外的区域整合，实现"一岛一带多中心"的城市转型目标，这种整合不应当是城市对所有资源的过度占有和无序扩张，而是应该更多实现多种功能的有机组合，降低城市运行成本，应当形成有利于城市不同人群的"居住、生产、交通、消费和游憩"的合理资源配置，赢得质量和效益并重的发展。并且，厦门在过去的发展历程中以"人"作为出发点和回归点,也积淀了最可贵的城市财富——厦门市民对城市的热爱,把整个城市当作自己的家,有归属感和认同感。

因此,厦门的城市升级应当珍惜这一城市财富,不应当受经济指标和城市建成面积指标考核等政绩压力所束缚,更不能为了片面追求经济总量快速增长,而以破坏了"美丽"、"文雅"和"温馨"等厦门城市特色为代价,去实现城市规模大、城市发展速度快的目标。一方面,如厦门现有规划所预期的,在自然资源方面要实现"大海湾、大山海、大花园",把自然与规划有机地结合在一起,发展低碳经济建设生态城市,实现绿色城市化;另一方面,厦门要"多规合一",实现生态控制与城市发展边界的有机结合,让国民经济和社会发展规划、土地利用总体规划、城乡总体规划达成"共识",优化城市功能布局以促进跨岛发展,避免各个城市组成部分之间的空间结构的紧张,例如,可以确定厦门岛内为现代服务业和信息中心,集美区为行政文化和高新技术产业中心,海沧区为先进制造业中心……同时要照顾到海西城市群的战略分工,并在此基础上形成合力。

厦门的发展应当保护厦门业已具有的深厚的文化与社会传统,通过尊重与发展多元城市文化形态,促进城市不同社会群体的融合,增强人的幸福感。将"骨架+节点+单元"三者融合协调发展作为未来城市转型的方向:骨架主要是道路和管井建设等,要实现多元立体综合规划,避免重复建设和标准滞后;节点主要指以歌剧院、博物馆和购物中心等为代表的公共场所,要与厦门的社会文化历史相结合;单元主要指各种生产和生活的单元,要通过加强与改善公共服务提升这些单元的运行效率与降低其运行成本。并且,要在"以开放促改革、以改革促转型"的逻辑下,在教育培训、医疗、养老、社会服务等方面加大开放力度，以促进厦门的城市转型和社会转型。

这个意义上，"美丽厦门、共同缔造"突破了网格化社会管理缺乏主动性社会参与的弊端，实现了多方参与的共享共建模式，并且恪守了以人为本的厦门发展理念。厦门的未来发展要实现的不仅仅是自然和城市建筑的美的结合，还要包括民风与人文的美的结合，而这些结合的实现取决于社会成员的共同参与。这种"共同缔造"不仅仅体现在社区治理层面，还体现在整个厦门的远景制定，例如厦门政治广泛征集民智参与到"十三五"发展规划制定过程之中，千方百计持续调动一切积极因素，切实调动人民的积极性和发挥人民的创造力，使各项改革和厦门的城市转型取得最广泛的理解和支持。

这种参与式社会治理模式的不断发展与完善，将实现的不仅仅是经济总量对台湾的赶超，还有健康、生态、幸福、和谐的人居环境和浓厚多元的文化氛围对包括台湾人民在内的海内外民众所形成的巨大吸引力。厦门本身的对台工作与当前建设"海丝"战略支点城市两大使命，加上地理环境和历史背景等因素使得厦门拥有众多的归侨、侨眷及厦门籍侨胞和港、澳、台同胞，还有众多外国人来厦门旅游定居等。随着建设"海丝"战略支点城市的推进，厦门的城市性质已经突破了"国家属性"而同时具有"全球属性"，厦门的城市治理与发展也从传统意义的"内部参与"变为"内外共同参与"，这种多方力量的共同参与本身就在不断丰富"美丽厦门"的内涵，并扩大其全球影响力。

2. 产业升级遵循开放创新

城市的转型与产业的升级是紧密联系在一起的，厦门的人口结构、职工平均工资等因素决定了厦门在劳动力价格等方面不再具有比较优势，一些技术含量低、附加值低的产业逐渐退出厦门。今后的5~15年厦门既要处理好城市产业、城市布局、区域发展和社会转型等问题，又要结合国家整体发展战略和厦门自身特点处理好厦门的产业升级问题。

厦门发展现代物流、信息服务、金融服务、文化创意等第三产业的基础性条件在福建省优势明显，但是第三产业的发展如果拘泥于厦门本地市场则缺乏后劲，因此需要推动厦门从海港城市发展成为海域城市，推动厦漳泉地区的同城化发展。并且，厦门的产业升级不是用第三产业替代第二产业，而是应该充分利用两个战略支点交汇的优势，拓展厦门的发展空间。厦门应当充分利用其既有的科技、经济、社会和文化基础等，努力用创新优势替代正在失去的比较优势，发展一批战略性新兴龙头企业和高端大项目，进而吸引上下游企业在厦门聚集，增强第二产业与第三产业的发展后劲。发展高端产业和创新产业等需要大量引进人才，同时，要大力培养和支持本地的技术成果转化与高层次人才的成长。

根据厦门提出完整的"5+3+10"的现代产业支撑体系，即构建加快发展先进制造业、大力发展现代服务业、优化提升传统产业、着力培养战略性新兴产业、做精做优现代都市农业为战略重点，以龙头大项目、园区载体、创新环境为主要抓手，培育打造生物医药、平板显示等十大千亿产业链。例如，作为国家光电显示产业集群的唯一试点，厦门在平板显示领域已经粗具规模，群聚效应凸显，成为该市第一条"准"千亿产业链；又如海沧集装箱码头是我国第一个全自动集装箱码头、美图公司成立仅六年就已经在全球拥有了6.8亿移动端用户等。

厦门应当在规模以上高新技术产业、生物医药、软件信息服务、电子商务等战略性新兴产业和现代服务业等方面集聚要素、实现集约型跨越式发展。例如厦门软件园，产业集聚和城市治理模式创新的双重效应越来越强：从 10 年前的 7.5 万平方米，发展到二期的 164 万平方米，而最新规划的三期有 800 万平方米。该软件园将生产和生活连接成一个有机整体，将各种政府功能集中于软件园管理处，由一个国有企业负责这些政府职能的日常管理。并建立各种线上和线下服务，使软件园区员工实现了 15 分钟步行距离内可以享受各种生产和生活服务，极大降低了运行成本。同时，该园区成立了发展战略咨询委员会和园区事务协商委员会等机构，这些委员会使园区管理机构、园区各企业和园区员工代表等实现定期有效交流沟通，还建立了非公联合党委，成为中组部确认的非公党建示范园区。园区管理处将交流区和服务区相融合，拓展服务型政府的内涵——通过和企业与员工的交流发现其需求，而不是单向等待其提出需求和满足其需求。因此，厦门在实现产业升级的同时，也实现产业管理和政府服务的创新升级。

再如厦门有特色和有潜力的文化创意产业，厦门是个多元文化城市，不仅拥有丰厚的中华优秀传统文化特别是闽南文化资源，而且拥有国内大多数城市难以比拟的、长年与海外文明交流对接的文化资源与对外交流传统，对台湾和东南亚地区各类文化创意人才具有强烈的吸引力，2014 年厦门文化创意产业总值接近 1000 亿元，产业增加值增长 12%。以音乐为例，厦门不仅有传统的高甲戏、南音、闽南歌曲、西方交响乐、钢琴艺术在这里生根发芽，中西方艺术兼容并蓄、古典现代交织融合，这些都对国内外形成文化影响力。除了已有的海峡两岸文博会、厦门国际马拉松赛、国际纪录片大会等，厦门还可以在新媒体业务、少儿文创业务、影视文化业务等领域有很大突破空间。

厦门的产业升级应当与厦门的城市转型融合在一起，在自然环境日益美好与城市治理日益完善的基础上，应当充分发挥信息科技的产业优势，在厦门建设"智慧社区"，进而建设现代"智慧之城"。以主营电子数据取证、刑事技术产品和网络信息安全三大产品的厦门美亚柏科为例，厦门鼓励市民对交通违章和乱停乱放等行为进行举报，这是"共同缔造"的一种参与方式之一；美亚柏科通过其智能交通监管技术可以对举报本身提供图像数据资料以证伪，并减少举报者和被举报者之间的纠纷——实现了智慧城市建设与城市治理升级之间的融合。

高端产业和创新产业都需要有人才的积聚作为人力资源前提条件，厦门在产业升级过程中不仅要依靠厦门大学等本地名校培养人才、从大陆各地引进人才，还要积极吸纳台湾和境外优秀人才。

厦门通过创新产业和高端产业实现产业升级，围绕美丽厦门战略规划和"5 + 3 + 10"产业体系建设，通过岛内外整合发展实现厦门的城市转型，以提高经济发展质量效益为中心，深入实施美丽厦门战略规划，大力推进产业转型、城市转型、社会转型，促进经济持续健康发展和社会和谐稳定，只有这样，才能进一步发挥自己与"海丝"沿线国家与地区的产业互补优势，才能进一步提升自己的产业与文化辐射力，为建成美丽中国典范城市打好基础。

二　"海丝"战略支点城市和对台合作交流支点城市

厦门建设 21 世纪海上丝绸之路战略支点城市，应当将对台工作和海上丝绸之路建设工作相结合，将两岸关系支点城市功能和海上丝绸之路枢纽城市功能相融合。只有将这两项使命有机结合起来，才能使厦门的发展更好地融入国家整体发展战略之中，才能在服务国家大局的过程中以不断坚持改革开放，突破土地资源匮乏导致的发展空间不足等各种制约厦门发展的因素，才能使硬实力与软实力相结合、不求更"快"但求更"好"的厦门特色发展之路越走越好。

实施步骤体现为对内整合与对外开放相结合的特点，既要突出工作重点、搞好互联互通、深化与沿线国家交流合作，又要强化国内支撑，推动产业深度对接，推进台湾人力资源与技术、资金融入"海丝"建设，做到远近结合，培育新的经济增长点，促进厦门经济社会有质量和有效益地可持续发展。

1. 打造 21 世纪海上丝绸之路战略支点城市

厦门面临转型和发展的双重压力，由于土地资源贫乏、本地市场容积有限，必须开辟新市场寻求外向型增值，借建设"海丝"战略支点城市的战略契机提升厦门在全球和东南亚区域配置资源的能力和地位。建设"海丝"战略支点城市有利于促进厦门城市与产业的转型和升级，有利于建立"5 + 3 + 10"现代产业支撑体系，有利于提升厦门的城市辐射力与影响力。

经过三十多年的改革开放，厦门已经形成了经济特区、自由贸易区、台商投资区、保税区、经济开发区等多层次、全方位的对外开放格局。在建设 21 世纪海上丝绸之路进程中，厦门应当着眼"一带一路"发展机遇，进一步向外拓展航运物流、旅游会展、金融服务……拉开城市框架，拓展区域发展空间，加强海上通道互联互通建设，发挥"海上海外"的特色优势，加快打造 21 世纪海上丝绸之路重要枢纽。

应当利用推动共建"海丝"的战略机遇期，将厦漳泉同城化与区域一体化纳入国家整体战略之中，由福建省甚至国家主导推动，可以借鉴京津冀模式，由中央政府敦促制定明确的路线图和时间表。同时，也可以借鉴珠三角依靠市场进行整合、长三角依靠市场和政府进行二元整合的经验，还可以借助欧洲经验加强区域整合。通过厦门产业升级，提升区域内高端产业影响力，由市场力量推动区域整合的发展。

此外，厦门地处东南沿海，面对台湾海峡，是长三角和珠三角的黄金连接点，应当探索和发挥这一黄金连接点的积极作用，建立起沟通珠三角和长三角两大经济最活跃区域的合作机制平台。

在"海丝"建设中，厦门应当以目前定位的马来西亚等9个国家为重点，以闽南文化和东南亚文化的交融、华侨之乡的传统优势、经贸合作的历史积累等为基础，推进厦门大学、华侨大学等在东盟国家开办分校，从基础设施、经贸、产业互补和文化交融等多方面入手，推动贸易合作（促进规模扩张、搭建平台，大力发展跨境电商，建设网上丝绸之路，促进贸易便利化建设）、促进双向投资（发展现代产业支撑体系，推动电子信息等产业的对外投资，成立对外投资促进机构）、推进海洋产业发展（推进海上互联互通，保护海洋生态环境，增进科技交流与合作，打造海上丝绸之路的旅游线路，加强与海丝国家的旅游资源共享合作）、加强文化交流（举办文化节，推动文化企业"走出去"）、推进航运港口建设等。并且，发挥厦门既有高技术产业优势，将厦门打造成为面向"海丝"的新型智慧城市，使厦门在21世纪海上丝绸之路建设中发挥枢纽作用。

2. 建设对台合作交流支点城市

厦门早在 2011 年人均 GDP 就突破 1 万美元，2015 年达 14514 美元，但仍然与同期台湾人均 GDP 约 22344 美元存在差距。对台工作是厦门的优势所在，同时也是劣势所在。在厦门城市转型要避免唯 GDP 主义的同时，对台工作也要避免片面追求对台经贸合作数字，特别是避免为了鼓励台资在厦门投资而过度优惠让利，导致对台工作在某种程度上成为厦门发展的包袱而非动力。

过去一段时间，中国大陆对台湾的经济支持主要集中在对台湾工商企业的支持，台湾获取的巨额贸易顺差，台湾 GDP 维持一定的增长规模，台湾企业和产业的转型升级，在这 20 年里大陆都发挥了最重要的经济腹地的作用。但是，这种支持被台湾部分媒体解读为对台湾权贵、资本力量的支持，反过来更强化了台湾民众特别是台湾年轻人的"反中"情绪。因此，厦门对台工作的思路应当从输出利益给台湾变为吸引台湾资源特别是人力资源来厦门，也就是遵循"三中一青"（中小企业、中下阶层、中南部民众及青年）对台工作方针，两岸企业遵循市场规律开展自主合作，有利于实现互利双赢。以竞争促进融合，将厦门打造成为台湾人力资源在大陆的集散地，实现厦台融合发展。

以厦门和台湾的 IC 产业合作竞争为例，全球前两大晶圆代工厂都在台湾，2013 年台湾半导体制造业产值是大陆本土企业、合资企业和外资企业总产值的 3.5 倍，并且台湾企业的技术精密程度也领先大陆。但是，近年来大陆半导体产业以 15% ~ 20% 的年增长速度在迅速发展，随着紫光完成对展讯和锐迪科的业务整合，其将成为全球第三大手机芯片供应商。目前，厦门通过国家半导体照明产业化工程示范基地、火炬计划平板显示产业集群试点基地等载体,吸引台湾半导体照明企业和光电企业加快向厦门聚集。厦门展锐是紫光展讯集团东南片区发展最核心的组成部分,2017 年预期厦门展锐年销售额将达到 25 亿元,而厦门展讯的研发人员中近半数是台湾优秀 IC 人才。今天,越来越多的厦门高端产业企业在聘用台湾员工,对台湾高端人才,特别是台湾青年的就业吸引力不断增强。

又如厦门团市委 2014 年举办的海峡两岸青年(高校)创意创新创业邀请赛,该赛事吸引了两岸 600 多个项目报名参赛,其中六成台湾项目进入复赛,台湾青创总会、台湾中华青年交流协会、台湾中华杰出青年交流促进会等 10 余家台湾知名青年社团和台湾新竹清华大学、辅仁大学、台北医学大学、屏东大学等高校都选送了项目,台湾青年通过参与此项赛事表达了强烈的来厦门创业的愿望。

厦门的城市转型和产业升级都要充分发挥对台工作优势,将"吸引人"作为对台工作的新重心。为了吸引台湾人才,厦门在全国率先设立了台湾学者创业园,出台大陆首个聘用台湾高层次人才的实施办法——《厦门市台湾特聘专家制度暂行办法》,促进企事业单位聘用台湾人才工作,推进医学等领域的台湾人士专业职称评审试点工作,积极延揽台湾专才来厦门发展。在未来厦门企业"走出去"的"海丝"战略构建过程中,厦门企业要积极和台湾企业合作,积极汲取台企在东盟的投资经验和延揽台企优秀人才,实现两岸企业的携手共建"海丝"。

厦门在对台工作中应当将民间交流与官方交流相结合,在台湾内部"台独"势力膨胀趋势之下,大胆先试先行,加强厦门与台湾地区的地方性合作,有步骤有计划地通过深化厦金合作逐步发展与澎湖地区直至台湾本岛地方政府的合作与交流，提升厦门与台湾各城市的跨境合作的深度与广度，落实和拓展厦门的对台支点功能。并且，要积极推动有实力的厦门企业到台湾投资。截至2015年6月，厦门累计批准赴台投资项目32个，投资总额2.17亿美元。其中，厦门陆岛酒店有限公司向金门陆岛酒店有限公司增资3384万美元，并获得金门土地所有权证和房产所有权证，成为首家在台湾取得土地和房产所有权证的陆资企业。

随着中国与外部世界关系的深入调整，台湾政经格局的不确定因素增多和厦门与台湾产业竞争合作格局的发展变化，作为对台和对外在福建省具有最强互联互通条件的城市，厦门的战略定位就是要以对台工作为核心与出发点，将对台工作的支点城市和海上丝绸之路战略支点城市两大功能有机结合起来，进一步探索综合改革与全方位对内对外开放，敢于创新、勇于创新，发挥独特对台区位优势，将"走出去"和"引进来"相结合，用好用活国家赋予的综合配套改革方案，实施更多先行先试政策，以积极主动的姿态吸纳台湾地区的优质人力资源和丰富海外投资经验，以厦台融合发展的方式推动台湾融入大陆"一带一路"倡议和大中华经济圈，将自己建成对外开放的新高地。

第三节　构建全面对外开放新格局的愿景

厦门是世界上最深的天然港口之一，也是中国古代海上丝绸之路的一个重要节点；在闽南居民向台湾、东南亚的移民中，厦门是最重要的移民出发地；自"五口通商"之后，厦门港是海上丝绸之路的对外贸易交通重要口岸。改革开放以来，厦门在对台交流、对外开放等方面发挥了重要作用，积累了辐射以东盟国家为代表的海上丝绸之路沿线国家与地区的经验与能力，具有良好的互联互通基础。

厦门不仅要通过项目带动战略实现产业升级、提升产业竞争力，发展符合美丽厦门建设需求的环保高效产业和高水平服务业，还要提升城市治理能力，将厦门打造为社会治理模式、文化建设、生态保护等多元并重的具有全球影响力的典范城市。同时，厦门是国际性港口风景旅游城市，其经济、社会、文化、环境等多方面实现了均衡协调发展，在相当程度上克服了"硬发展"带来的"城市病"，"美丽厦门、共同缔造"的城市治理模式增强了居民的参与度，"有山有海有花园"的优越自然环境、城市容貌与浓厚的文化氛围、安居乐业的社会环境相结合，形成了独特的厦门"软实力"名片。因此，有"海上花园"之称的厦门在包括台湾在内的闽南文化区域和华侨华人群体中深具影响力和吸引力。

共建21世纪海上丝绸之路，特别是与东盟国家的合作，有利于推动中国与"海丝"沿线国家共同战略利益的形成，有利于南海地区的稳定与发展；厦门作为该战略的重要枢纽城市和"中国（福建）自由贸易试验区"核心片区之一，应当多方面创造条件使其充分发挥领头羊作用。

由于福建省处于对台第一线，福建省被赋予新的区域经济发展任务，即经济总量要尽快赶超台湾，而这种经济赶超的目标在于提升对台工作的能力。厦门作为两岸关系的支点城市，在这一赶超战略中必将发挥重要作用。正如中华民族的复兴不能局限于物质层面，对台工作也应当针对"人心"而非"器物"，因此，赶超台湾不应当简单求"快"，而是应当综合性地求"好"，将软硬实力相结合，既要提升经济竞争力，又要提高对台人才的吸纳能力与人心的吸引度。

厦门在发展过程中应当高度注重城市发展与人的全面发展相协调，在城市功能配置上始终坚持"以人为本"，"美丽厦门、共同缔造"的城市发展理念，将中国传统治理资源和现代城市治理相结合，这将有利于提升厦门对台湾和东盟等的城市文化吸引力，有利于厦门建成"海丝"战略支点城市。因此，构建厦门的全方位对外开放新格局，除了传统的经济利益"走出去"外，还需要将厦门的治理模式、城市文化（传统＋创意）等对外输出，增加厦门软硬双重实力的区域影响力。

厦门构建对外开放新格局的发展目标应将对台工作支点城市和海上丝绸之路枢纽城市两个功能相结合，打造对台工作特区，努力打好新"侨牌"，加强区域认同和文化认同，以厦门作为福建省的发展龙头，带动整个福建省经济尽快达到东部沿海地区平均水平，将福建省赶超台湾作为两岸关系推动的基础，通过厦门与台湾的地方性合作促进台湾融入"一带一路"倡议之中，通过充分发挥厦门的枢纽和支点作用推动台湾融入亚洲区域经济合作分工体系之中。

同时，厦门的政治、经济、社会、文化和生态的协调发展治理模式，也将随着厦门在 21 世纪海上丝绸之路战略中发挥更大作用，而进一步提升其在东南亚地区乃至全球的影响力和吸引力，形成对台工作的软实力来源和中国对外软实力的一个重要范例。厦门未来的发展要将赶超台湾和建成"海丝"战略支点城市结合起来，构建全方位对外开放的新格局。

第三章 以"一带一路"为契机，
用开放促进产业升级

赵 晨[*]

第一节 "一带一路"倡议中的厦门产业发展

2013 年习近平总书记在出访中亚和东南亚国家期间，先后提出共建"丝绸之路经济带"和"21 世纪海上丝绸之路"（以下简称"一带一路"）的重大倡议。中央的这两项重大举措对身处对外开放前沿的厦门市提出了新要求和新定位，即厦门应由对外开放的窗口城市，向发挥对外辐射作用的枢纽城市转变。目前厦门已基本确定到 2018 年，初步建成 21 世纪海上丝绸之路中心枢纽城市框架；到 2020 年，基本把厦门建设成为 21 世纪海上丝绸之路中心枢纽城市。

"十三五"规划提出"创新、协调、绿色、开放、共享"五大发展理念，厦门也以制定并实施美丽厦门战略规划为抓手，率先推进产业转型、城市转型和社会转型。如何在新时期将厦门本身经济社会改革与"一带一路"倡议衔接，统筹国内国外两个大局，促

---

* 赵晨，中国社会科学院欧洲研究所欧洲国际关系室主任，副研究员。

进厦门在开放中提升产业层次，并发挥对外辐射影响力，是摆在厦门面前的重大课题。

本报告聚焦国家"一带一路"倡议给厦门产业发展带来的新契机，探讨如何以新的全方位开放促进厦门服务业和制造业双升级，提高产业国际竞争力；充分利用"海丝"沿线国家劳动力成本优势和经济增长潜力，向"海丝"沿线国家进行产能转移，扩大新兴市场份额，建设具有辐射作用的新型产学研商综合体；用"海上丝绸之路枢纽城市带"概念整合厦漳泉地区，以新形态的区域合作机制迎接挑战，实现跨越性发展。

第二节　厦门对外开放新格局与产业发展战略构想

一　背景分析

厦门经济与中国其他地区一样，经过三十多年的改革开放，已经进入经济新常态。2008年金融危机后，世界经济增长明显减速，欧美国家调整经济发展政策，中国与外部的经济关系发生一定变化。厦门作为一个国际港，也面临外贸形势低迷、工业投资总量和增量不理想、服务业急需提质增效等诸多难题。

这种形势下，党和国家提出"一带一路"倡议，意在通过资本输出的方式，带动我国全球贸易、投资和生产重新布局，将目光转向"一带一路"沿线新兴经济体和发展中国家。"一带一路"沿线国家总人口约44亿，经济总量约21万亿美元，分别约占全球的63%和29%。这些国家要素禀赋各异，发展水平不一，互补性很强。在"一带一路"建设中，我国拟以资源型产业和劳动密集型产业为重点，在沿线国家发展能源在外、资源在外、市场在外或加工在外的产业，进而带动产品、设备和劳务输出。这样我国可与沿线国家进一步发挥各自比较优势，促进区域内要素有序自由流动和资源高效配置。推出"一带一路"的构想，正是中国与外部经济关系调整的自然延伸，意味着中国正在努力将自身的经济增长体系转化为区域增长体系。

"一带一路"倡议可有效化解制约厦门经济发展的一系列瓶颈：厦门外贸占福建全省的一半，厦门的企业多以出口型为主，而新形势下出口和外向型企业普遍面临劳动力成本升高、招工难、人民币汇率升值、原材料价格上涨等因素困扰，如能加大区域合作力度，将劳动密集型企业向东南亚、南亚等低人力成本地区转移，可有效降低企业用工成本；中央已将福建定位为"海上丝绸之路核心区"，厦门作为福建最重要的对外窗口和海空交通枢纽，可利用建设东南国际航运中心、翔安新机场等机遇，争取国家大型基建投资，继续完善城市建设，改善厦门房地产投资在投资结构中比重过大的问题（见表3-1）；作为对台工作支点城市，厦门金融业、旅游业、文创产业等服务业享有一些得天独厚的优势，在"一带一路"建设背景下，厦门可通过与台合作的方式，争取国家监管部门和各单位上级主管部门支持，将一些对台优惠举措扩展到东南亚、中东等"海丝"沿线国家市场，扩大规模效应，搭建类似自贸区的海丝投融资交易中心、海丝文创和影视中心等辐射能力强的平台，提升厦门开放和服务业发展层次。

二　厦门产业发展优劣势分析

在党和国家"一带一路"倡议规划中，厦门经济和产业发展

表 3－1 2013 年厦门与同类型城市投资结构比较

单位：%

地区	工业	基础设施	房地产	社会事业
厦门	20.2	25.3	39.5	4.8
深圳	15.1	—	35.5	—
宁波	31.1	24.6	32.8	—
青岛	50.2	10.7	20.9	3.2
大连	31.0	—	26.4	—

资料来源：各地统计年鉴和统计公报。

有其适应此战略要求的优势，但也存在一些不足之处。

优势主要有以下四点。

第一是产业结构合理，第三产业比重超过一半，符合经济发展趋势和规律。厦门 2012 年之后，第三产业增加值就已稳定地超越了 50%，此后持续提升，产业结构不断优化。2014 年厦门全年实现地区生产总值 3273.54 亿元，增长 9.2%，其中第一产业增加值 23.74 亿元，增长 2.5%；第二产业增加值 1499.27 亿元，增长 9.7%；第三产业增加值 1750.53 亿元，增长 8.7%，三次产业结构由 2013 年的 0.8∶46.7∶52.5 调整为 0.7∶45.8∶53.5，产业结构不断优化，第三产业比重提升 1 个百分点。

第二是财政实力强，管理规范，能"集中力量办大事"。2014 年厦门全年财政总收入及地方级财政收入分别为 909.13 亿元和 543.80 亿元，比 2013 年增长 10.2% 和 10.8%（见表 3－2），分别比地区生产总值增幅高 1.1 个和 1.7 个百分点。厦门地方财政收入是泉州和漳州两市的总和。

表 3-2 2013 年厦门市主要经济指标

指标	2013 年	比 2012 年增长(%)
生产总值(GDP)(亿元)	3018.2	9.4
规模以上工业总产值(亿元)	4678.5	13.1
港口货物吞吐量(万吨)	19087.8	10.8
集装箱吞吐量(万标箱)	800.8	11.2
空港进出港人数(万人次)	1975.3	13.8
外贸进出口总额(亿美元)	840.9	12.9
进口总额(亿美元)	317.4	9.1
出口总额(亿美元)	523.5	15.3
新批外商投资项目数(个)	331	—
合同外资金额(亿美元)	19.1	-15.2
实际利用外资金额(亿美元)	18.7	5.5
财政总收入(亿元)	825.1	11.6
地方级财政收入(亿元)	490.6	16.0
全社会固定资产投资(亿元)	1347.5	1.1
社会消费品零售总额(亿元)	975.0	10.5
城镇居民人均可支配收入(元)	41360	10.1
农民人均现金收入(元)	15008	11.5

资料来源：厦门市商务局和厦门市投资促进局。

第三是交通枢纽地位牢固，带动物流、金融、旅游、会展等服务业发展。厦门港 2014 年实现集装箱吞吐量 857.24 万标箱，比 2013 年增长 7.1%，集装箱吞吐量居全国第 8 位，名列全球前 20 大港口的第 17 位，2015 年更进一步，排名全球第 16 位。全国首个第四代自动化码头远海码头在厦门投入运营，2014 年实现港口货物吞吐量 2.05 亿吨。厦门机场也是福建全省最大机场，2014 年全市实现空港旅客吞吐量 2086.38 万人次。未来翔安新机场的建成，将进一步巩固厦门区域空港中心的地位。枢纽优势带动厦门服务业全面发展，厦门 2014 年接待国内外游客 5337.86 万人次，旅游总收入 722.09 亿元，旅游人气指数和游客满意度居全国前列。2014 年厦门举办展览 200 场，举办 50 人以上会议 4177 场，石材展、佛事展等展览规模在行业内居全球首位。厦门物流产业发展很快，2014 年实现营收收入 252.10 亿元，增幅为 38.7%，已成为国家一级物流园区布局和物流节点城市。金融产业 2014 年增加值为 287.44 亿元，增长 11.6%。

第四是国际化水平高，城市环境优美，文教卫生水平领先全省，具有很强的"软实力"。厦门坚持绿色发展，环境保护和生态建设理念深入人心，"美丽厦门"建设卓有成效，同时拥有厦门大学、华侨大学等一批海内外享有较高知名度的大学，教育、医疗体系完善发达，市民文化素质和城市文明程度高，在周边城市、台湾地区，乃至东南亚国家有较高的知名度和美誉度。这种"软实力"和吸引力，有助于厦门对"海丝"地区发挥辐射影响力，吸引外地，甚至是海外企业将其区域总部、营运机构迁至厦门，发展总部经济。

不过，"一带一路"要求"走出去"与"引进来"并重，加大对外投资力度，在某些领域，厦门还存在不适应和需要调整加强的不足之处。

第一，厦门制造业中外资比重，特别是台资企业比重过大。2014 年外商及港澳台投资企业在厦实现产值 3591.43 亿元，占规模以上工业总产值的 73.2%，其中台资企业实现产值 1703.51 亿元，占规模以上工业总产值的 34.7%。积极利用外商投资，特别是台资，给厦门引入了世界先进技术和成功的管理经验，但负面效应是不利于厦门本土企业的发展壮大。厦门制造业企业以出口外销产品为主，很多是原材料和市场"两头在外"的代工型企业，性质为劳动密集型，且缺乏自主品牌。但这种企业处于价值链的低端，利润薄而且抗风险能力差。随着厦门劳动力成本、用地成本和环境成本的提高，该种类型企业与我国中西部地区和东南亚地区相比，劳动力成本不占优势，产品出口竞争力下降，其在厦门的经营也变得越来越困难。缺少自主品牌企业的另一个问题是，外资企业一旦融入"一带一路"倡议，赴"海丝"沿线国家投资设厂，将直接带走本来投在厦门的资金、生产线和就业。

第二，厦门缺少综合实力和品牌效应强、具有集成功能和连带效应的，可"走出去"投资设厂的龙头企业。2014年厦门产值百亿元以上的企业7家，分别是宸鸿科技、戴尔（中国）、友达光电、冠捷显示科技、达运精密、厦门烟草和翔鹭石化，大部分为外资（含港澳台）企业。这7家企业合计产值1349.68亿元，占厦门规模以上工业总产值的27.5%。但华为2014年一年总收入就达到2800亿元，几乎是这7家企业总产值的两倍。厦门经济主体为中小企业，2013年中小企业创造的增加值占全市GDP的60%，出口占比约为40%，缴纳税收占比约为50%，中小企业技术创新成果占全市的65%。中小企业经营灵活，但缺乏"走出去"的规模效应。当然，厦门在一些高端产业的配件和服务型制造业方面处于较高水平，比如北斗终端、车联网、无线传感器网络、穿戴式智能设备等技术先进成熟，厦门飞机维修与改装业在亚洲处于领先地位，但或是尚未形成规模，或是较难摆脱地域限制。

第三，厦门人口少、企业规模小、经济总量不大的客观条件限制了第三产业做大做强。厦门总人口425万，仅为深圳的1/3，厦门全市陆地面积1573平方公里，与深圳相差不大，但厦门本岛面积仅 128 平方公里，岛内外人口密度相差 11 倍，分布很不均衡。如前所述，厦门企业以外资企业和小企业为主，对金融业而言，外资企业的融资非常国际化，由总部在世界范围寻找融资来源，小企业则对金融企业没有吸引力。而辐射带动能力较强的航运物流业因受政策和发展水平等因素限制，也缺乏龙头企业。随着周边地区大型商场和城市综合体的发展，以及厦门经济特区政策优势的相对弱化，厦门"高大上"的消费中心地位下降，在闽西南的龙头优势不断被蚕食。整体来看，厦门现代服务业体系虽已具雏形，但整体竞争力不强。

三　产业发展定位和战略途径

"一带一路"倡议下，厦门构建对外开放新格局的发展目标是将对台工作支点城市和海上丝绸之路枢纽城市两个功能相结合。在产业发展方面，厦门需要拓宽思维，将自己置身于"海丝"视域下研判自身优劣势，思考未来 5~15 年产业布局、发展方向和策略选项。

综合上一部分对厦门优劣势的分析，本报告拟对新一轮全方位对外开放格局中的厦门产业发展提出如下定位。

（1）厦门应当着重发挥自身服务业水平高、第三产业基础好、国际化水平领先全省、环境友好的优势，以第三产业为核心全面提升自身竞争力，在新一轮对外开放中实现跨越式发展。厦门应在福建省建设海丝核心区的规划中，争取定位为"第三产业中心区"，在全省综合对外开放中，发挥自身特色，避免同质和不必要的竞争。尤其注重金融业的发展，应在两岸区域性金融中心建设基础上，扩展打造"海丝金融中心"。应在厦门大学马来西亚分校的基础上，考虑集中财力物力和引导力，构建马来西亚"厦门城"，建设一个产学研商综合体，发挥对"海丝"沿线国家的影响力。

（2）制造业应注重升级改造，落实"厦门市实施《中国制造2025》行动计划"，加快构建"5＋3＋10"的现代产业支撑体系，以信息化与工业化深度融合为主线，以智能制造和"互联网＋"为主攻方向，发展壮大千亿产业链规模，改造提升传统优势产业，培育扶持战略性新兴产业和生产性服务业。同时也需注意向"海丝"沿线国家转移劳动密集型企业的加工生产部分，先行先试摸索出支持原材料和市场"两头在内"，生产在外的管理模式和规范，并且扶助中小企业拓展欧美国家之外的"海丝"市场。

（3）厦门无论是发展现代服务业，还是制造业升级换代都离不开周边地区，特别是厦漳泉地区的区域合作。鉴于目前厦漳泉同城化发展受行政管辖权限制，无法顺利推进，建议改以"海上丝绸之路枢纽城市带"概念整合厦漳泉地区总体发展，不再强调以谁为主，避免主导权之争，以新形态的区域合作机制迎接挑战，实现跨越式发展。在这一新区域合作机制中，厦门可以凭借自己的地缘优势（出海口）和服务业优势地位自动获益。

第三节　厦门融入"一带一路"倡议的产业发展策略

国家"一带一路"倡议的实施，为厦门产业发展提供了重大机遇，但同时也提出了严峻的挑战。厦门的外贸将借自贸区的东风，承接更大范围的国内出口业务，力争建成21世纪海上丝绸之路的国际港；厦门的双向投资将由依靠台资和欧美地区投资为主，转向吸引外资高科技企业和自主对外投资并重，并且需要注重拓展对"海丝"沿线国家的投资业务；在产业发展方面，厦门需要立足厦漳泉和福建省，以海西经济区为腹地，深化对台合作，并且向"海丝"沿线国家辐射。

下面将分制造业升级换代、产能转移和打造服务业中心三个部分加以论述。

一 把握"高端"，通过信息化升级制造业，并发挥区域引领作用

制造业仍是一个城市、一个地区最能快速提升经济效益、最能吸纳就业的支柱行业。厦门制造业有三个特色，一是外资，特别是台资比重高，本土企业也多为出口导向型，这与泉州形成较鲜明对比，泉州已涌现一批有实力的本土民营企业，产品也以在国内市场销售为主；二是以中小企业为主，国有大中型企业占比不高，民营经济发达，石材、卫浴等特色行业在国内居领先地位；三是高端制造业的配套产业已初露端倪，如厦门飞机维修与改装业在亚洲居领先地位，轨道交通的专用电网设备制造达到高端水平，同时厦门还是世界上最大的钨制品生产出口基地，亚太地区最大的助听器和听力设备生产基地。

厦门市委、市政府高度重视制造业在新常态下的"升级换代"：在量上，厦门拟到2018年建成旅游会展、平板显示、计算机与通信设备、机械装备、生物医药、新材料、航运物流、软件和信息服务、金融、文化创意等十大产业链；在质上，目前厦门市委、市政府已出台"厦门市实施《中国制造2025》行动计划"，拟将计算机与通信设备、平板显示产品、工程机械、大中型客车、输配

电设备、汽车滚装船等制造业建设成为厦门的"名片",并且培育厦门大型商用飞机"一站式"维修国际品牌,将厦门制造业做大做强,出"精品"的战略意图很明显。同时,厦门积极充分利用自己的对台地缘优势地位,瞄准新一轮台湾产业向大陆转移趋势,对接台湾光电信息、生物医药、高端装备等优势产业,加强产业链合作,创新两岸产业合作参与国际竞争的新模式,推动两岸产业高度融合。此外,厦门也确定了高端制造业的发展重点,即发展高端制造领域的配套产业,推动制造业向价值链高端延伸;推进高新技术产业化,打造代表国家水平的战略性新兴产业创新引领区和产业集聚区。在技术创新方面,重点开展新型平板显示、集成电路、新一代网络通信设备、智能车辆与工程机械和北斗应用等一批对产业竞争力整体提升具有全局性影响、带动性强的关键共性技术;加快布局石墨烯、碳化硅、海洋生物、可穿戴智能设备等产业,储备关键核心技术。

未来信息化和工业化的融合是大势所趋,以"工业4.0"和"智能制造"提升厦门制造业层次,已经鲜明地体现在"厦门市实施《中国制造2025》行动计划"之中。厦门正在对接福建省推进智能制造专项工作,打造集美省级智能制造示范基地,为争取进入智能制造"国家队"创造条件;强化应用牵引,实施"机器换工"计划,推进制造过程的智能化;充分发挥智能制造产业联盟的作用,协同推动智能装备和产品研发、系统集成创新与产业化;促进工业互联网、云计算、大数据在企业研发设计、生产制造、经营管理、销售服务等全流程和全产业链的综合集成应用。厦门市委、市政府计划到2020年,全市主要工业行业大中型企业数字化设计工具普及率达80%以上,关键工艺流程数控化率达80%;到2025

年，主要工业行业大中型企业数字化设计工具普及率达90%以上，关键工艺流程数控化率达90%。

与此同时，厦门制造业升级工作要积极融入"一带一路"国家倡议，还应做到以下几点。

（1）发挥厦门作为"一带一路"倡议支点城市的作用，利用亚投行、中国－东盟合作基金、丝路基金等国际平台，吸引有资源和技术优势的"一带一路"沿线国家或地区的人才和机构来厦设立企业，但要注意选择，引进企业要具有"高精尖"特色。

（2）厦门可发挥软件和信息技术产业优势，向更高规格的"工业4.0"迈进。德国提出的"工业4.0"概念代表了制造业的发展方向，"工业4.0"意为在机械制造和电气工程领域发展"嵌入式系统"，即将机械或电气部件完全嵌入受控器件内部，通过特定应用设计的专用计算机系统来掌握整个生产流程，并通过网络将生产系统和销售系统连接，实现按需生产，而且可以实时追踪生产部件的流动位置，连通工厂、产品和智能服务，真正实现生产智能化。厦门工业园区各管委会可推动软件企业与制造业企业对接，收集生产制造基础数据，建设工业云服务和大数据平台，加快发展云制造。

（3）厦门制造业发展要形成规模效应，离不开漳州和泉州地区的配合和呼应。厦门制造业升级应发挥总部基地和信息技术优势，向泉州和漳州，甚至福州和龙岩地区整合分配资源。随着厦漳泉交通基础设施同城化的推进，厦漳大桥、厦安高速的通车，三市快速链接通道网络框架已经成型，厦漳泉已经形成"1小时"同城交通圈，因此厦漳泉产业统筹布局已经具备硬件条件，可以进行产业梯度转移。

（4）鼓励厦门优势产业向境外拓展，充分开展国际产能合作，扩大"厦门制造"的国际影响力。深化与沿线国家和地区在光电信息、高端设备及生物医药等领域的合作，促进重大产业项目对接，推进投资便利化和贸易便利化建设，服务于国家"一带一路"倡议，培育创新型国际化产业集群。特别是鼓励和引导在厦投资设厂的台湾高科技企业，与厦门企业一起共同在"海丝"沿线国家选择项目投资，并向国家有关部门申请信贷和外交支持。

二　推动新型"腾笼换鸟"，与"海丝"沿线国家进行国际产能合作

厦门的制造业中，劳动密集型加工业仍占很大比重，而且主要集中在低附加值的非核心部件制造和劳动密集的装配环节，产业档次较低，处于价值链的下游。随着厦门经济的快速发展，土地、劳动力、资源和环境等生产要素成本不断提高，"人口红利"逐渐消失，这些劳动密集型企业生产经营面临一定困难。近年来厦门连续多次调高每月最低工资标准，从 900 元、1100 元、1200 元、1320 元上调至 2015 年的 1500 元，同时，"用工荒、招工难"等问题进一步提高了用工成本。再加上部分原材料价格、运输成本等因素的上涨，进一步增加了企业的经营成本。提高工人收入是经济发展和社会主义和谐社会建设的必然要求，所以企业要摆脱这种困境只能要么从内部提升管理和技术水平，要么向外谋发展，"一带一路"倡议为厦门劳动密集型企业走向海外，降低劳动力成本提供了新机遇。

在建设"一带一路"背景下，厦门的制造业企业"走出去"与深圳、泉州等城市不同（这两个城市主要依靠大企业和大型投资项目，如深圳的华为 2015 年 8 月在马来西亚柔佛州依斯干达建

立华为亚太云数据基地，整合全球数字音乐、移动游戏、视频和其他多媒体服务，并将其提供给马来西亚及其他亚太地区电信供应商；泉州已在"海丝"沿线打造了 2 个石化产业项目，与中东一些国家在石化专业园区建设方面也展开了合作），必须以中小企业为主，这样就不得不面临"小、散"的劣势，逼迫厦门的产能转移必须以"精、专"为特色。

鉴于厦门劳动密集型产业在整个产业结构中占比重较高的特点，厦门的"腾笼换鸟"升级战略必须综合考虑，一方面发展信息电子、医药卫生等高附加值产业，另一方面也需要寻找外向型劳动密集型产业升级之路。后一种升级必须走向外拓展的道路。厦门向外转移过剩产能主要依靠民营企业的自发性行为，但政府也应给以积极引导和政策扶持。

厦门的中小外向型企业有自身特点，虽然规模小，但在具体行业内部专业化程度高，专业领域市场份额高。以集美区的姚明织带有限公司为例，厦门姚明织带饰品有限公司成立于 2004 年，专业生产高品质涤纶色丁丝带、涤纶罗纹丝带、涤纶织边印标丝带、尼龙雪纱带、丝绒带、丝带印刷、丝带小包装、丝带发饰和丝带花饰。由于专注于专业化和规模化生产，短短几年时间姚明织带已经成为全球最大的涤纶丝带、丝带印刷、丝带花饰制造企业，产品远销世界 100 多个国家和地区，在国内的市场占有率也稳步提升。姚明织带 2010 年曾作为中国大陆地区唯一的应诉企业，在美国商务部针对中国产织带"双反"（反倾销和反补贴）调查中获胜，为自己取得进入美国市场的入场券。2014 年 8 月，在高劳动力成本的压力下，姚明织带在印度南部城市布兰迪克服装城新建工厂——印度瑞蓓丝织带饰品有限公司，将加工环节转移到低劳动成本地区。

印度布兰迪克普通女工的月工资仅为500元人民币,加上社保、伙食、交通等费用,总共也仅为700多元,是厦门一线工人工资的1/3或1/4。在印度招聘的管理层员工成本也不高,拥有MBA学位的印度管理岗员工月工资仅需1000元人民币。而且由于印度工厂专注生产纯手工丝带,仅需简单培训的印度女工即可上岗,再加上印度女工更有耐心,所以产品质量很有保障。

对姚明织带来说,这种"出境加工"业务(或称"两头在内",即指由国内企业承接国内订单后,借助境外劳动力开展出境加工再返内销的业务),最大的顾虑是关税问题。2013年国家海关总署对此进行调研,2014年8月,海关总署正式批复同意姚明织带开展出境加工业务试点,期限为2年,海关只对出境加工成品增值部分征税,随后厦门海关向姚明织带核发《出境加工贸易纸质手册》,这也是福建企业拿到的首份《出境加工贸易纸质手册》。凭此手册,姚明织带一笔价值24万美元的料件在印度加工成成品,然后再返回国内销售使用,可节省约100万美元的各项成本费用。

结合厦门的现有制造业结构和国家"一带一路"倡议的要求,特提出以下几点建议。

(1)向"海丝"沿线国家转移劳动密集型企业的加工生产部分,先行先试摸索出支持原材料和市场"两头在内",生产在外的管理模式和规范,并且扶助中小企业拓展欧美国家之外的"海丝"市场。姚明织带找到印度布兰迪克工业园,也是源于参加厦门"九八投洽会"。可以考虑在"九八投洽会"或其他展会组织"海丝"沿线国家对口专业洽谈会,或由政府支持的行业协会组团赴"海丝"沿线国家考察项目。管理方面,可考虑在商务局内部专设"海丝国家投资处",专业处理中小企业"走出去"遇到的行政管理问题。

（2）改变以"引进来"为主和零散的主要表现为企业行为的"走出去"的投资格局，转为有组织、有规划的"合作走出去"，共同开发东盟及"海丝"沿线国家市场。这里的"合作走出去"，一方面是与福建（特别是厦漳泉城市群）、广东、浙江等海丝沿线省份企业和政府的合作（比如厦门的卫浴企业以贴牌外销为主，而泉州卫浴企业以自主品牌内销为主，两者均有很强的愿望进行合作），另一方面是在厦门与台湾深度经济合作的基础上，引导台资企业与厦门企业共同开发东盟及其他"海丝"沿线国家的第三方市场，在转移低端产能的同时，推动台资在厦企业的产业结构优化升级，避免厦门与台湾一同被全球产业升级边缘化，敦促台企在厦实施创新发展战略。可考虑与台湾地区的高雄市在东南亚地区共建贸易或基建代表处。

（3）选择一批重点民营企业，为其"走出去"提供信息、信贷和外交支持，每年跟踪它们的发展情况，并向社会公布，以此激励厦门中小企业"走出去"。引导"走出去"企业遵守当地法规和宗教、民族习俗，维护国家和厦门企业形象。在"海丝"各国鼓励成立厦门中资企业联合会，支持厦门企业抱团取暖，合作共赢。

三 以交通、金融和旅游会展业为龙头，树立厦门"海丝服务业中心枢纽"地位

现代服务业是厦门经济未来发展的主攻方向之一，交通、金融和旅游会展这三大服务业支柱也是厦门在"一带一路"倡议中最有竞争力的"拳头产品"。厦门已经在建国际航运物流中心、两岸区域性金融服务中心和文化休闲旅游中心三大中心，以其优良的软硬环境吸引周边企业落户，发展总部经济。历史上厦门作为五口通

商口岸，曾长期是闽南地区侨汇、侨批和进出口的集散地和中转地，改革开放后又是这一地区对外开放，特别是对台开放的窗口，"一带一路"为厦门的现代服务业重新提供广阔的发展空间，厦门应当抓住机遇，以交通、金融和旅游会展业为龙头，发挥对外辐射作用，树立厦门"海丝服务中心枢纽"的地位，建设以服务业为特色的"海丝枢纽中心城市"。

1. 交通枢纽——东南国际航运中心建设

厦门市是福建最重要的海运和空港城市，厦门港是全国第 8 大、全球第 17 大集装箱港，航线覆盖 40 多个国家和地区 140 多个港口，基本形成辐射全球的集装箱快速航运网络；厦门高崎机场是福建最大、全国第 4 大口岸机场，开通运营城市航线 140 条，国际航线 18 条。厦门航空在国内航空界也享有很高的声誉，连续 10 个季度入围"最佳航空公司"，但厦门要由海峡西岸经济区的主要交通枢纽，发展成为国际一流水平的东南国际航运中心，还需进一步努力提升硬件和软件。与新加坡和中国香港相比，厦门港口航线覆盖的国家（地区）和港口分别为新加坡的 33% 和 20%，中国香港的 30% 和 14%；高崎国际机场设计旅客吞吐量 895 万人次，2013 年实际吞吐量已接近 2000 万人次，已经超负荷运行。同时，厦门国际航线少，尤其缺乏国际直飞航线。大部分旅客需搭乘国泰、港龙航空经香港出国，或者搭乘中国国际航空、东方航空经北京或上海出国。未来翔安新机场的建成，有望大大缓解制约厦门航空业发展的硬件约束。

"一带一路"基础设施先行，这就要求厦门加强与"海丝"沿线国家和地区的基础设施联通，开展海上大通道综合建设，按厦门由"一带一路"倡议重点，强调东南国际航运中心的"国际"性，需要厦门完善厦门至东盟、中东主要港口城市合作网络和机制，构建"一带一路"客货运"穿梭巴士"，根据贸易发展需求加密货运航线，加强与东盟各国港口城市之间的互联互通，加大与"海丝"沿线国家区域一体化的力度。在这方面，厦门市委、市政府 2014 年 11 月印发的《关于贯彻落实建设丝绸之路经济带和 21 世纪海上丝绸之路战略的行动方案》中已有具体要求：拟到 2020 年，将厦门港与"海丝"沿线国家和地区海上航线提升到 40 条以上；推动完善厦门与"海丝"沿线国家和地区主要港口城市合作网络和机制，明确主推航线，构建厦门港与"海丝"沿线国家和地区客货运高速通道，根据贸易发展需求加密货运航线，加强与"海丝"沿线国家和地区港口之间的互联互通；想方设法拓展腹地，争取开通厦门 – 钦州港内支线，推动"海丝"沿线国家和地区与海西两大经济区的合作发展；同时吸引周边地区货物来厦门集散，把厦门打造为与"海丝"沿线国家和地区的外贸枢纽；充分利用古雷石化基地，吸引更多"海丝"沿线国家和地区大宗商品、物资从厦门港进出口，打造东南沿海能源矿产进口重要口岸，构建"海丝"沿线国家和地区在厦门港的矿产能源进口中转及加工基地；鼓励"海丝"沿线国家和地区参与厦门港口码头开发建设，如邮轮母港建设、刘五店南部港区 1# –5# 泊位 5 个 10 万吨级码头等；推进物流项目合作开发，强化厦门石油、红葡萄酒、中药材、生物医药等商品集散功能，加强与内陆城市陆地港建设和运营，积极发展海铁、海空多式联运，推进快速路网建设，打造东南区域物流中心城市，为拓展厦门与"海丝"沿线国家和地区贸易奠定基础。

在空运方面，将充分利用翔安新机场的建成和投入使用，构建"一带一路"空港中心枢纽。目标是到 2020 年，厦门与"一带一路"沿线国家和地区空中航线力争达到 20 条；完成厦门高崎机场三期扩建，推进翔安新机场建设，打造我国重要的国际机场、区域性枢纽机场、国际货运口岸机场和两岸交流门户机场，配套建设厦门临空经济区，统筹布局航空维修转包、航空零部件制造、航空关键技术研发、设计等业态要素，努力使厦门尽快形成具有参与世界与亚太地区、东盟地区的航空发展高地；以厦航引进 B787 为契机，以天合联盟为平台，积极拓展境外航线，重点开通与加密 9 个"海丝"重点国家空中航线，力争在 2017 年底前实现厦门与 9 个"海丝"重点国家国际航线全覆盖，争取开通厦门至中亚等国航线，为"一带一路"沿线国家和地区提供便捷通道；并且鼓励将国外航空公司"引进来"，引导其参与厦门机场的运营和建设，构建以厦门空港为中心枢纽的城市间空中走廊，同时，推动厦门空港开通红眼航班，推进机场全天候运行；大力发展航空货物运输，尝试海空等多式联运，拓展空运物流的范围，为"一带一路"沿线国家和地区的货物往来提供优质服务。

不过，在注重航路和港口发展的同时，还要注意软件方面的保障，以完善的制度和深入的科研保证航行安全，与沿线国家协调各种标准，协商推进贸易运输便利化，共同建设通畅安全高效的运输大通道。

2. 金融枢纽——变"两岸区域性金融中心"为"海丝金融中心"

厦门金融业起步较晚，但发展速度很快。2013 年金融业增加值 254.2 亿元，对第三产业的贡献率达到 24.5%。但受地理环境、人口规模、产业支撑等因素影响，在沿海副省级经济特区中，厦门金融业规模相对较小。厦门的金融业以银行为主体，企业融资结构中，银行信贷融资占比 95% 以上，直接融资渠道不多，债券融资占比 3.8%，股权筹资占比仅为 0.4%，但厦门的金融深度和密度高，存贷款余额占 GDP 比例高，上市公司资金占 GDP 比例高。

厦门的金融业在两岸业务上享有一些国家特殊金融政策。国务院批准的《厦门市深化两岸交流合作综合配套改革试验总体方案》中，要求厦门"推动金融体制创新、产品创新和管理创新，扩大金融服务范围，加快建设辐射海西、服务两岸的区域性金融服务中心"，并给予厦门 10 个方面的特殊金融政策，其中 5 项与资本市场发展相关，分别为：大陆对台金融合作的重大金融改革创新项目，厦门具备条件的优先安排在厦门先行先试；鼓励内外资银行、证券、保险等各类金融机构和股权投资机构在厦门设立总部、资金营运中心、研发中心、外包中心或后台服务机构；重点支持新设综合类证券、证券投资基金、产业基金等紧缺性金融项目；支持厦门市国家级高新科技园区内的非上市股份有限公司进入全国性场外股权交易市场开展股权公开转让，探索建立服务非上市公众公司特别是台资企业的股份交易市场；研究持有台湾金融专业证照的人员在厦门从事金融服务业的支持政策，简化台湾金融业从业人员在厦门申请从业人员资格和取得执业资格的相关程序。

在中央支持和厦门政府及金融界的努力下，两岸金融中心建设取得明显成效，赛富厦元等 188 个项目落户，两岸股权交易中心挂牌成立，2013 年跨境人民币结算金额累计突破 1300 亿元。厦门也是全国唯一对台人民币现钞调运口岸，厦门对台的人民币与新台币现钞兑换业务占福建全省的 68.27%。截至 2015 年 6 月底，65 对厦门和境外银行机构签订了人民币代理清算协议，其中有 24 家台湾银行机构在厦门开立了 40 个人民币代理清算账户。

台湾固然是厦门金融业建设金融中心的重中之重,但是由于台湾经济总量的相对缩小,厦门金融业要实现大发展,"两岸区域性金融中心"的定位就偏小。厦门金融业近年来的发展,实际上已经突破了"两岸"的"帽子",比如厦门拥有多个大宗商品交易中心,交易场所门类比较齐全,包括石油交易中心、石材交易中心、医药品交易中心等,还有两岸股权交易中心、金融资产交易中心等。这些交易场所都是重要的金融市场要素;除台湾银行机构外,还有41家境外银行机构与厦相关银行机构签订了人民币代理清算协议。

金融业背靠实体经济,厦门行政区域小、人口少、企业规模和经济总量不大,仅仅依靠台湾也无法做大做强,因此厦门金融中心建设必须转向"海丝"这一新概念,向"海丝"沿线国家扩展,随着产业向"海丝"沿线国家的转移,金融业也需要紧紧跟上,因此有必要提出建设"海丝金融中心"的新定位。建设"海丝金融中心",厦门金融业需要拓展思路,从以下几方面着手努力。

第一,将人民币清算业务向台湾之外的人民币离岸中心拓展,建立广泛的海外联系。依托尼泊尔中央银行人民币代理清算服务,厦门已拟推动该国38家商业银行全部加入厦门"代理清算群",尼泊尔模式也可以继续复制、推广到"海丝"沿线其他重点国家和地区。

第二,跟随产业转移步伐,开展离岸金融业务,如正规离岸业务、外资金融机构准离岸、NRA账户、离岸公司等,在机构不"走出去"的情况下业务先"走出去"。由于境外人民币融资成本低,可建立人民币国际回流渠道,以外补内,建立人民币国际国内流通的新模式。

第三,发展完善保险、政策性贷款等工具,为"走出去"企业保驾护航。厦门有港口优势,但厦门进出口产品中仅有18%购买了保险,国际海运费也长期处于逆差状态,所以应着重提升港口航运金融水平。

第四,借助对台优势地位,厦门市政府应帮助各政策性银行和国有商业银行向其上级部门争取更大的管理权限、更多的优惠政策和更高的分行等级,争取将它们针对"海丝"重点国家的业务分支机构设在厦门。国家开发银行总行已将马来西亚的"一带一路"基础设施建设业务交给厦门国开行,这已开了一个良好先例。此外,国开行厦门分行依托海外工作团队,还为印尼的电站、煤矿、公路、纸浆厂等项目提供贷款25亿美元,并成功发放了厦门市首笔跨境人民币贷款。2014年10月,在习近平主席和印尼苏西洛总统的见证下,国开行厦门分行与印尼各方签订了APP200万吨纸浆厂项目贷款协议、青山钢铁年产30万吨镍铁冶炼项目投融资协议、MRC-DBK煤矿项目投融资协议,金额逾30亿美元,在中国和印尼两国产生较大反响。同时,国开行厦门分行积极促成国开行、厦门大学和马来西亚方面签订《厦大马来西亚分校投融资合作协议》,使其成为首例中国文化教育"走出去"项目。

第五,构建对外投资服务平台,建立由市商务局、市贸促会、厦门外汇管理局、国家开发银行厦门分行、中国进出口银行厦门分行、中国出口信用保险公司厦门分公司等相关单位联合组成的"走出去"合作机制,为企业提供投资国家和地区投资环境信息咨询及应急事件处理等服务。尤其是应当注重信息系统构建,应当建设一个全国知名的投资环境动态信息库。

3. 旅游会展枢纽——打造"海丝旅游会展中心"

厦门拥有丰富的旅游资源,曾先后获得国内最佳旅游目的地

（2012 年、2013 年）、全球最佳休闲旅游浪漫地（2012 年）、休闲浪漫之都（2013 年）、全国温泉旅游示范城市（2013 年）等荣誉称号。厦门的会展业也相当发达，石材、佛事等专业展会规模全球领先。厦门是海西经济区高端酒店最密集的城市之一。《美丽厦门战略规划》全方位描绘了厦门发展路线图，厦门准备建设海沧、集美、同安、翔安四大新城区组团，推进基础设施和教育、医疗、卫生、文化等社会事业配套，逐步建成岛外 240 平方公里的一流现代化国际性滨海新城，这为厦门旅游业新一轮发展拓展了空间和提供更坚实的基础条件。战略规划中提出大力实施"山海一体、江海连城"、区域协作的大海湾城市等战略，力争将厦门打造成为国际知名的花园城市、美丽中国的典范城市、两岸交流的窗口城市、闽南地区的中心城市、温馨包容的幸福城市，这些都正好契合厦门旅游业发展目标。

但是厦门距离"海丝旅游会展枢纽中心"的地位还有一定差距，问题主要有三个方面。首先，厦门城市容量小，经济总量不大。厦门全市陆地面积 1573 平方公里，厦门本岛面积仅 128 平方公里，旅游旺季，大型节假日时，岛内旅游容量压力大，交通、住宿的供需矛盾突出，不仅使旅游者的需求得不到较好满足，市民生活也受影响。其次，旅游会展中心城市不仅要求在区位条件和交通通达性满足区域中心要求，而且要求社会经济发展水平、城市建设、信息与物流、生产要素与基础条件、创新、辐射带动等方面也都能成为所在区域的中心，并且能够具有强大的城市辐射能力和对投资市场的带动能力。再次，旅游吸引物、旅游客源市场、旅游企业、旅游市场化运作、旅游投资、旅游经营管理、旅游服务、旅游人才结构等方面也都要求厦门达到国际化水平。厦门目前已经具备了旅游发展的诸多有利条件，但要真正成为旅游中心城市，或者说世界性旅游目的地，其支撑条件仍然有待完善与提高。

为建设"海丝旅游会展中心枢纽"，厦门还需破解一系列硬软件约束。

第一，加快岛内岛外均衡发展，加快厦漳泉同城化进程，整合区域旅游资源。引导游客向岛外景点流动，加快岛内外旅游公共服务体系的创新与建设，从而破解旅游旺季，特别是节假日，游客涌入厦门，岛内人满为患的问题。

第二，扩大和深化厦台旅游合作领域，抓住开放大陆居民赴台旅游的良好机遇，发挥"五缘"优势，加快对台旅游发展。与台湾地区县、市旅游部门、协会签订旅游合作协议；引进台资旅游项目，准许更多的台湾旅行社在厦开业，将台湾自驾车入厦常态化；利用厦门"小三通"的优势，吸引更多厦门至深圳沿线城市的游客，参加邮轮旅游或采用"一程多站"模式顺道到金门乃至台湾本岛旅游，即"动车+邮轮""动车+赴台游"，同时配合厦门自驾旅游节，催生"动车+自驾"等旅游新方式；加强与南方旅游城市之间的旅游互动、客源互送和旅游合作，让其他城市的游客通过厦门，走"小三通"或空中直航、海上直航再到金门、澎湖或台湾本岛旅游。

第三，发挥厦门动漫、软件产业发达的优势，将旅游与影视、动漫、软件结合，政府扶持建设完善影视基地，邀请海内外知名导演或文化影视公司拍摄以厦门著名景点为背景的电影、电视剧，树立"美丽厦门"、"清新城市"和"设计之都"的形象，并形成系列文化产品，向"海丝"沿线国家投放。借助"海丝"服务业中心以及对台开放前沿的地位，可以向国家申请，比如设置"海丝"

和对台影视节。

第四，结合党和国家"一带一路"倡议，申办和引进一批国际高端会议，加强对外文化体育交流，提升厦门国际马拉松、帆船赛事和国际钢琴比赛等品牌赛事国际影响力。拓展会展范围和领域，争取在影视展、旅游展等展现厦门文化"软实力"方面取得突破。

四 以厦门大学马来西亚分校为基础，建设产学研商综合体"厦门城"

厦门大学马来西亚分校是我国首次在海外设立的分校，此分校应马来西亚政府邀请设立，具有良好的政治基础。此外，它的地理位置优越，经济发展潜力大，既距离马来西亚的重要港口巴生港不远，又位于马来西亚首都，也是经济中心——吉隆坡的近郊。因此，如以厦门大学马来西亚分校为基础，整合厦门市和福建省资源，投资建设一个包括教育、金融、港口服务、国际贸易和产业园在内的"厦门城"产学研商综合体，可在马来西亚，乃至东南亚地区树立"示范效应"，并为"海上丝绸之路"建设探索一种新型模式。

厦门大学马来西亚分校位于吉隆坡西南约 45 公里处的雪兰莪州沙叻丁宜，坐落在马来西亚联邦行政中心布特拉贾亚城和吉隆坡国际机场之间，占地 150 英亩，约 61 万平方米，建筑面积 47 万平方米，交通便利，环境优美。2015 年 12 月，厦门大学马来西亚分校已经开始招生，并定于 2016 年 2 月 22 日正式开课。分校预计 2016 年首批招生 500 人，预期 2022 年学生规模达到 5000 人，最终学生规模将达 1 万人。生源将主要来自马来西亚、中国和其他国家，校园文化的特征是宽松和多元。分校1/3教师为厦门大学的高水平教授，其余是从马来西亚当地及全球招聘的优秀教师，至少80%拥有博士学位。分校将提供本科、硕士和博士三个层次的课程，分校毕业生将获颁厦门大学学位，马来西亚政府和中国政府给予双重认证，毕业生将拥有在两国就业或升学的机会。厦门大学马来西亚分校在马来西亚当地按私立大学注册和管理，2016年2月将首批开设包括医学、商科和工科等在内的10门学士学位课程。首期拟设立中国语言与文化学院、经济与管理学院、海洋与环境学院、信息科学与技术学院、医学院共5个学院。此外，依托该分校，中国-东盟海洋学院也在筹建之中（已申请到海上合作基金4.8亿元）。

厦门大学马来西亚分校由中国电建"川军"水电七局承建，业主方为厦门嘉庚教育发展有限公司及马来西亚新阳光有限公司代表，监理方为马来西亚加理斯建筑有限公司。在2014年厦门大学马来西亚校区奠基典礼上，马来西亚总理纳吉布曾发言说，厦门大学是一所享有盛誉并受到国际认可的大学，它在马来西亚设立分校，不仅能吸引海外高素质的学生就读，也为马来西亚学生提供更多选择。厦门大学由著名侨领陈嘉庚创办，90年前陈嘉庚先生带着从马来西亚经商获得的资金回国办教育，今日中国也开始以教育回馈马来西亚人民，厦门大学马来西亚分校即是最好的例证。厦门大学马来西亚分校建设至少需要12.6亿元，很大一部分来自华人华侨的捐助。厦门大学2014年共获3.2亿元捐款，其中近九成，约2.8亿元捐款被捐赠者指定用于厦门大学马来西亚分校建设。其中，祖籍福州的马来西亚首富郭鹤年捐款两亿元人民币，用于厦门大学马来西亚分校主楼图书馆大楼的建设；中国园林集团有限公司董事长龙钰涵捐款 5000 万元，用于马来西亚分校主楼群四号楼建设；马来西亚 IOI 集团执行主席、丹斯里拿督李深静捐款 3000 万元，用于马来西亚分校主楼群一号楼建设。

厦门大学是第一所入驻马来西亚的亚洲高校，厦门大学马来西亚分校的建成在我国教育史上具有里程碑意义，但在"一带一路"倡议下，它还可以发挥更大作用。如能以它为基础和"桥头堡"，在周边建设一个"厦门城"，引入商贸、物流、产业、金融等经济要素，打造一个产学研综合体，融合文教与经济，不但可以提升厦门大学马来西亚分校的综合实力和影响力，而且可以带动"海上丝绸之路"在东南亚地区的传播。

在厦门大学马来西亚分校现有基础上，特提出以下几点建议。

（1）厦门大学马来西亚分校位于征阳集团新打造的 525 英亩的新市镇内，它自己已经占地 150 英亩，厦门可鼓励本土房地产企业收购此市镇其他土地，将这一新市镇的主体部分建设"厦门城"。应抓住中国与东盟打造自贸区升级版的机遇，充分利用中国－东盟投资合作基金，并利用 PPP 等模式，引导企业建设中马产业合作园区或是中国在马的境外经贸合作区。

（2）厦门大学马来西亚分校距离马来西亚巴生港在一小时车程内。巴生港被称为"海丝"的重要驿站，是马来西亚最大港口，也是其海上门户，2014 年集装箱吞吐量约 1100 万标箱，居世界第 12 位。厦门港 2015 年 5 月与巴生港签署友好港意向书，双方拟尽快协商建立正式友好港。厦门港为"21 世纪海上丝绸之路"的重要枢纽港，也是海西港口群的龙头港，2014 年集装箱吞吐量 857 万标箱，居世界第 17 位。除港口间加强合作外，厦门如能在巴生港附近建设"厦门城"，将极大地提升双边贸易的广度和深度，促使海西经济区和东盟深度对接。

（3）马来西亚是全球最大的伊斯兰金融国家，其金融业在伊斯兰地区有很大影响。我国"一带一路"建设中，需要在伊斯兰世界中发掘一个金融业立足点。"厦门城"是一个较好的选择，它既可充分利用厦门大学马来西亚分校的金融学科，加强当地人才培养，为中马金融业人士提供交流平台，也可在商业综合体建设过程中，加强与马金融机构的双边、多边合作。厦门的金融机构可到"厦门城"设立境外分支机构，一方面为厦门和国内其他地区"走出去"的企业提供融资服务，另一方面也可大力拓展东盟市场。

第四章 融入"一带一路"倡议，构建厦门新型智慧城市

谢 鹏[*]

2013 年 9 月和 10 月，习近平主席在出访中亚和东南亚国家期间，先后提出了共建"丝绸之路经济带"和"21 世纪海上丝绸之路"（以下简称"一带一路"）的倡议，该倡议是中国主动应对全球形势深刻变化、统筹国际国内两个大局作出的新时期中国对外开放新战略，使昔日的古丝绸之路焕发了新的生机活力。2015 年 3 月，国家发改委、外交部、商务部联合发布了《推动共建丝绸之路经济带和 21 世纪海上丝绸之路的愿景与行动》，文件明确提出将福建定位为建设 21 世纪海上丝绸之路的核心区。中央的决策部署，为身处对外开放前沿的厦门市带来了新的发展机遇。

厦门市地处连接台湾地区和东南亚国家的核心区域，信息产业十分发达，智慧城市建设水平在国内各大城市中处在前列。在国家提出"一带一路"倡议的大背景下，厦门市应以国家打造"中国—东盟信息港"重要决策部署为契机，以推进新型智慧城市建设为突破口，提升本市信息产业的活力和竞争力，力争将自身打造成

* 谢鹏，中国电子科学研究院管理研究中心，法学博士。

中国—东盟信息港的信息枢纽城市和海上丝绸之路核心区的重要战略支点和标杆城市。

第一节　新型智慧城市的新内涵

人类社会进入 21 世纪以来，各国城市管理者均面临经济、社会等发展不平衡带来的各种问题，持续增长的需求与日益紧缺的资源之间的矛盾要求城市发展走智慧、集约、可持续的道路。随着信息技术的日益普及和深化，智慧城市作为未来城市发展的新方向，已被世界许多国家认可和接受。近年来，大数据、云计算、移动互联网等新一代信息技术催生了经济社会的又一次革命，以"互联网＋"为核心驱动力的智慧城市建设，在提供智慧化社会服务的同时，对提升城市治理体系与治理能力现代化水平产生了深远影响，智慧城市建设正在向更高层次的"新型智慧城市"发展。

以新一代信息技术为核心的新型智慧城市具有如下特点。

（1）为城市居民提供无处不在的服务。以普通居民的需求为核心，以便捷生活为导向，让"为人民服务"真正成为城市的基本功能。时间上实现 24 小时有便民服务，空间上达到市域全境能服务，内容上覆盖衣食住行玩等居民日常所有需求，使城市成为"所愿即所见、所想即所得"的智慧居住环境，让百姓生活得更加便捷、更加满足、更加幸福。

（2）让城市管理具备无为而治的能力。以简政放权为手段，以转变政府职能为目标，打破壁垒、整合资源、数据共享，通过技术上的体系化设计和科学统筹，为管理上的高效便捷扫清障碍。从消灭信息孤岛开始，杜绝治理孤地，"让信息多跑路、让百姓少跑腿",让城市管理更加主动、更加有序、更加自觉,让信息时代的无为而治成为可能。

(3)使城市发展焕发无所不能的活力。以优化资源配置方式为主线,以创新驱动发展为主题,通过"互联网+"等新业态、新商业模式,"物联网、云计算、大数据"等新技术,充分激发市场环境活力,使"大众创业、万众创新"成为一种随手可得的新形态。优化区域经济发展的资源禀赋,让城市发展更加健康、更加绿色、更加文明。

(4)给城市安全提供无微不至的保障。以保障经济发展为目标,以维护社会稳定为底线,构建预警灵敏、处置迅速、应对有力的城市运行风险管控体系。网格化管理与条块化管理相结合,打造物理空间"横向到底、纵向到边"的安全保障体系,群防群治与重点防控相结合,打造网络空间安全保障体系,让城市安全基础更加人性、更加坚实、更加持久。

概言之,新型智慧城市具有更高效地利用资源、更广泛地提供服务的特点。它能够让人民群众在生活上享受到更多幸福和更大便捷,让企业在运营过程中体会到更高效率和更优质量,让城市管理者在工作中感受到治理能力和治理水平的大幅提升。因此,建设新型智慧城市就是要发挥新一代信息技术的创新驱动和引擎作用,通过信息化与城市建设的有机融合,建设基于信息系统的智慧化、现代化、法制化、安全化的城市高效运营系统、城市综合治理系统、城市智能管控系统、城市公共服务系统,并运用大数据技术对城市各类信息进行采集和分析,为城市发展的体制机制优化和政策制度建设提供有效支撑,其最终目标是提高城市治理水平、促进城市文明、推动城市可持续发展。

第二节　厦门深入推进新型智慧城市
建设的有利条件

1. 厦门新型智慧城市建设符合中央对厦门新时期使命任务的总体要求

厦门是我国对外开放的前沿示范区，在全面深化对外开放的今天，立足厦门探索围绕推进城市治理体系和治理能力现代化建设，创建国家新型智慧城市，既可展现厦门发展的国际形象，也可对智慧城市建设起到良好的带动作用。厦门地处连接台湾地区和东南亚国家的核心区域，新型智慧城市代表着其城市建设和发展水平。一方面，厦门通过彰显中国特色的先进的智慧城市建设，加快治理体系和治理能力现代化建设，以市场化、法制化、国际化的理念和更加开放的姿态融入全球发展中，可增强对台湾和东南亚国家发展的影响力；另一方面，厦门地处新时期军事斗争的前沿，直接面临各种网络安全问题，在厦门建立先进的信息网络基础设施，不仅可有针对性地增强我国网络空间的管控能力，而且还可作为一个重要屏障，阻断来自该方向的网络攻击威胁。

2. 厦门自身信息化发展环境优越

从"十一五"到"十二五"，厦门信息化环境不断完善，信息化政策逐步健全，信息化保障民生取得实质性进展，电子政务服务社会公共管理得到进一步加强。厦门软件和信息服务业的总体发展水平在全国处于前列，与国内大多数城市相比，其信息化发展环境十分优越，较之于北上广深等一线大城市，厦门也有自己的特色。

2013年1~12月，厦门软件和信息服务业实现销售收入591.7亿元，同比增长28.3%，增长势头迅猛。

厦门市委、市政府十分重视信息化建设工作，2011年12月，市政府制定了《厦门市十二五信息化发展专项规划——智慧厦门2015行动纲要》，该文件明确提出了"十二五"期间厦门信息化发展的主要任务和十三项重点工程，这为厦门推进新型智慧城市建设提供了有力的政策依据和方向指引。

2014年1月，厦门市十四届人大三次会议审议通过了《美丽厦门战略规划》，该规划进一步明确了信息化在推进厦门经济社会发展和现代化建设进程中的作用，并提出了具体的发展目标。文件提出要建立信息化引领促进新型工业化、新型城镇化和农村农业现代化"三化"融合发展机制，以信息化引领城市发展空间拓展、产业结构调整和发展方式转变。加快信息基础设施建设，推进城市群信息同城化，打造区域"信息高速公路"枢纽，实现区域信息设施与信息资源的互通共享。创建国家信息消费试点城市，创新信息消费模式，培育发展新型业态。

3. "一带一路"倡议为厦门新型智慧城市建设带来重大机遇

"一带一路"是以习近平总书记为核心的党中央主动应对全球形势深刻变化，统筹国际、国内两个大局作出的重大战略决策。"一带一路"倡议不仅得到了沿线国家的热烈响应，国内各界更是在积极谋划具体的落实方案。《推动共建丝绸之路经济带和21世纪海上丝绸之路的愿景与行动》为"一带一路"的具体实施确立了共建原则、框架思路、合作重点、合作机制等，该文件明确将福建定位为建设21世纪海上丝绸之路的核心区。为保障"一带一路"倡议的顺利实施，中国政府又发起设立了500亿美元的丝路基金，并主导组建了亚洲基础设施投资银行，这些都将为21世纪海上丝绸之路核心区建设的稳步推进创造有利条件并提供坚实的资金保障。

2014年9月，中央网络安全和信息化领导小组办公室主任、国家互联网信息办公室主任鲁炜在出席首届中国—东盟网络空间论坛时提出，中国与东盟要加强互联互通，深化网络空间合作，共同打造中国—东盟信息港，使之成为建设21世纪"海上丝绸之路"的信息枢纽。厦门对外工作主要是对台和对东盟国家展开，鉴于此，厦门作为福建省信息产业最为发达的城市，无论是在参与建设21世纪海上丝绸之路核心区的过程中，还是在参与推进中国—东盟信息港建设进程上，其进行新型智慧城市建设都将拥有得天独厚的技术和地缘优势。

第三节　厦门新型智慧城市建设的主要任务和建设内容

信息技术的价值在于其对经济、社会发展产生巨大的推动作用。由于信息技术在不断进步，所以信息化只有起点没有终点，是一个不断深化、提升的过程。厦门拥有良好的信息化发展环境，其新型智慧城市建设，一定要从经济社会和信息产业发展的实际出发，不能盲目跟风。厦门新型智慧城市建设应该顺势而为，以需求为驱动，而不应以技术为驱动，终极目标是为厦门现代化建设的实际进程服务。厦门新型智慧城市建设的目标应该是将厦门打造成一个信息产业高度发达，信息技术应用高度普及的真正意义上的智慧城市。

1. 积极落实中央打造中国—东盟信息港的重要决策部署，力争推动中央将厦门确立为中国—东盟信息港的信息枢纽城市，进而成为21世纪海上丝绸之路核心区的重要战略支点和标杆城市

在信息高度发达的今天，一切的合作都离不开信息的共享。开启中国—东盟合作与发展的新篇章，关键是要实现互联互通。互联，首先是网络的互联；互通，首先是信息的互通。在2014年9月举办的首届中国—东盟网络空间论坛上，中国与缅甸、印尼、马来西亚等东盟十国达成了共建中国—东盟信息港的倡议①，翻开了中国—东盟信息领域合作的新篇章。

建设中国—东盟信息港，是在"一带一路"框架下，搭建一条连接中国与东盟国家的"信息丝绸之路"，有利于东盟各国利用信息技术发展本国经济，增强信息普遍服务能力，提升民生服务水平，对促进中国—东盟的网络设施、网络贸易、网络服务加快发展具有重要作用。中国—东盟信息港的提出，既是区域共同利益的趋势使然，也是中国—东盟建设命运共同体、推进21世纪海上丝绸之路进程的又一虎翼，将成为区域一体化提质增效的重要工具与信息枢纽。

中国和东盟国家山水相连、血脉相亲，而厦门市地处连接东盟

---

① 中国—东盟信息港建设的内涵主要包括五个方面：一是基础建设平台，加快区域网络设施、通信设施、技术设备建设步伐，架设中国—东盟"信息高速公路"；二是技术合作平台，在技术研发应用上统筹资源、协同攻关，共同参与国际重要技术标准制定，推动形成相互确认的电子认证、电子签名和云服务体系，共同培养造就更多优秀技术人才；三是经贸服务平台，积极开展跨境电子商务合作，提高通关、物流、旅游等便利化水平，运用大数据分析共同应对金融风险、经贸风险；四是信息共享平台，共同推进金融信息服务、通关数据、电子口岸、灾情评估预报、防灾信息系统、地理信息系统等领域的平台建设；五是人文交流平台，中方鼓励和支持中国网站展示东盟各国的优秀文化，也希望东盟各国网站积极推介中华文化，推动本地区文化多元共生、包容共进，让互联网成为联结心灵的桥梁和纽带。

国家的海上核心区域，信息基础设施完善，信息产业发达，参与中国—东盟信息港建设符合厦门的总体定位和城市未来的发展方向。因此，厦门应以国家打造"中国—东盟信息港"重要决策部署为契机，全面提升本市信息产业的活力和竞争力，积极参与中国—东盟信息港建设，继国家设立中国—东盟信息港（南宁）基地之后，力争将自身打造成中国—东盟信息港的另一信息枢纽城市和海上丝绸之路核心区的重要战略支点和标杆城市，以助力21世纪海上丝绸之路网络经济带的建设。具体来说，厦门应从以下两个方面入手。

第一，积极推动国家设立中国—东盟信息港（厦门）基地。厦门可参考中国—东盟信息港（南宁）基地的运作模式，同时借助厦门对台、对东盟国家的独特影响，积极推动国家设立中国—东盟信息港（厦门）基地。中国—东盟信息港（厦门）基地除面向东盟国家提供各类信息服务以外，还应量身订造面向台湾地区的信息服务产品。对台工作是厦门新形势下全方位对外开放的重点工作之一，与国内其他省市相比拥有独特的地缘和人文优势，而台湾的信息产业十分发达，这将为中国—东盟信息港（厦门）基地的建设和未来发展带来无限机遇。

第二，建设中国—东盟信息港（厦门）产业园。厦门市应依托并整合本市信息产业优质资源，以建设中国—东盟信息港（厦门）产业园为突破口，搭建信息共享和经验交流平台，汇聚中国—东盟投资、贸易、应急、公共管理等方面信息，开展商贸服务、应急联动等方面的信息共享和交流合作。引领和带动中国与东盟网络领域全面交流，掀起互联网企业合作热潮，出台政策鼓励国际、国内知名互联网企业在产业园落户，使之成为推动厦门新型智慧城市建设的又一强劲动力。

2. 建设海上丝绸之路综合信息保障系统

走向蓝海，经略海洋，是中华民族伟大复兴的战略选择。建设海上丝绸之路综合信息保障系统，打造国际领先的海洋信息化体系，解决中远海区域信息网络覆盖不足的问题，扭转海洋信息工程装备缺乏的局面，对于保障海上丝绸之路畅通、引领海洋科技发展、促进海洋经济增长均具有十分重要的意义。

海上丝绸之路综合信息保障系统将面向全时域态势感知、全海域网络覆盖、全方位信息服务、全业务综合应用、全体系安全管控等海洋信息化能力建设要求，构建覆盖天、空、岸、海以及水下的立体海洋信息网络，重点建设内容为"两网四系统"，即海洋综合信息感知网络、海洋综合信息传送网络、海洋公共信息服务系统、海洋军用信息服务系统、海洋警用信息服务系统、海洋民用信息服务系统。

3. 进一步完善厦门网络信息安全建设，认真落实国家"互联网＋"行动计划，聚焦厦门治理体系与治理能力的现代化

作为我国对外经贸与人文交流的重点城市，厦门面临的网络信息安全环境较为复杂。因此，构建厦门网络信息安全防护体系，对于保障厦门在经贸、能源、交通、通信等方面的安全具有重要意义。具体建设内容包括：重要信息系统安全防护、工业控制系统安全防护、公共互联网立体监控、信息安全风险评估服务等。

4. 建立综合反映海上丝绸之路相关国家信息化水平和投资建设环境数据库，定期发布"海上丝绸之路信息化投资指数"

目前，"一带一路"建设已稳步推进，但国内各界大都热衷于宏观层面的定性研究，定量分析较少。厦门基于其在信息技术

领域的良好基础，应建立综合反映海上丝绸之路相关国家信息化水平和投资建设环境数据库，并定期发布"海上丝绸之路信息化投资指数"（以下简称"丝路指数"），这样才能明确有效的信息化需求，识别可能出现的投资风险，进而为"一带一路"建设中"海丝"有关国家信息领域的战略选择和投资决策提供可靠的依据和参考。

"丝路指数"的基础数据应源自联合国相关机构、国际电信联盟、世界银行等多个国际组织和沿线国家政府发布的权威数据，从中筛选出若干个核心指标组成。"丝路指数"可包括"信息化水平""经济发展""政治社会""能源资源""交通运输"5个一级指数，分别体现"海丝"沿线国家信息化水平、经济发展环境、政治风险与社会稳定、要素支持能力、物理互联互通能力。

5. 重点推进厦门港口信息化建设

党中央提出的建设"海洋强国"现已上升为国家战略，而港口建设则是整个战略的核心组成部分。港口是整个物流运输链中货运量最大的集结点，汇聚着内陆运输、水路运输等大量的货物；港口是一个重要的信息中心，汇集了大量的货源信息、技术信息、服务信息；港口同时又是国际贸易的重要服务基地和货流分拨配送中心。厦门港口的信息化开发建设水平，已成为当前和今后较长一段时期内反映厦门港口发展水平的标志。因此，厦门应加快对港口各类信息系统的升级改造，并借此提高工作效率，提升服务质量。港口信息化建设是一个大型的、复杂的、长期的系统工程，主要包括基础网络平台设施建设、传感器数据采集系统建设、综合信息数据库系统建设、信息化标准体系建设、信息安全体系建设等。

附录1: "海上丝绸之路信息化投资指数"建设方案①

一 "丝路指数"的基本理念

"一带一路"是新时期新常态下实现伟大中国梦的重大战略部署，是中国积极应对全球形势深刻变化的重大挑战，是中国助力全球经济复苏发展的重大战略举措。海上丝绸之路信息化建设最终要落脚于基础设施建设，无论是国家的战略指引、地方的战略选择、企业的战略落实，还是亚洲基础设施投资银行和丝路基金的项目投资，都必须了解各国的信息化水平，这样才能明确有效的信息化需求，降低可能出现的投资风险，提高资金投入产出效益，实现共同发展，共创美好未来。

因此，我们有必要全面深入地了解海上丝绸之路沿线国家的信息化发展水平，以及支撑信息化建设的经济发展、政治社会、能源资源、交通运输等因素（见附图4-1），其中，经济发展体现了一国的综合国力，经济发展水平越高，信息化建设的风险和成本就相对越小；政治社会体现一国的稳定安康，政治社会越稳定，可供选择的外交策略、合作方式就越多；能源资源体现了支撑一国信息化建设的要素能力，反映了一国信息化发展的未来潜力；交通运输则是信息化建设的基本保障，只有实现了物理上的互联互通，才有可能进一步推进信息上的互联互通。

---

① 中国电子科学研究院管理研究中心：《"一带一路"信息化投资指数研究报告》，2015年4月。

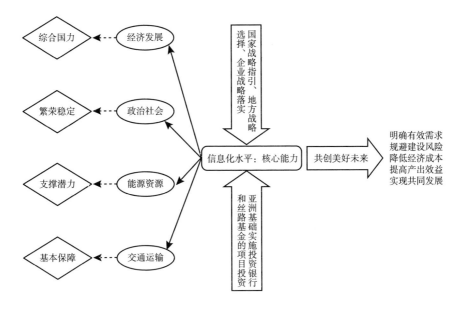

附图 4-1 "丝路指数"的基本理念

二 "丝路指数"构建的基本原则

(1)贯彻国家的战略指引、地方的战略选择、企业的战略落实的理念。"丝路指数"综合考虑国家、地方和企业的战略需求,力求助力各方在海上丝绸之路沿线国家的信息化建设。"丝路指数"对国家、地方、企业的指导意义不一,但均试图提供有价值的参考。

(2)着力支撑亚洲基础设施投资银行和丝路基金在项目投资中的风险控制。"丝路指数"构建考察了海上丝绸之路沿线国家的政治风险、经济风险、社会风险等,如各国的腐败情况、总税率、海关手续负担、企业运营成本等,支撑亚投行和丝路基金在项目投资时进行风险评估。

（3）突出信息基础设施建设、信息产业发展与信息科研支撑三个维度。信息化水平并不仅仅是信息基础设施建设，信息产业发展与信息科研支撑往往发挥着更重要的作用，是影响信息化健康、可持续发展的主要因素，"丝路指数"突出对其三个维度的测度与评估。

（4）强调信息化与经济、政治、社会、资源五位一体的综合发展。信息化水平是"丝路指数"评估的核心，但经济、政治、社会、资源等均是推动国家信息化建设，支撑国家信息化发展的重要因素，"丝路指数"力求五位一体综合考量、评价，全面分析、深入评估海上丝绸之路沿线国家的信息化发展水平。

（5）注重与中国的经贸往来。"丝路指数"的基本理念是在海上丝绸之路信息化建设中助力国家的战略指引、地方的战略选择和企业的战略落实，因此重点关注各国与中国的经贸往来非常重要。在指标体系的设计中，"经济发展"一级分指数下特设"与中国的经贸关系"二级分指数，突出这一方面的现状。

（6）坚持数据的公开性、权威性与国际可比性。"丝路指数"的基础数据全部来自世界银行、国际电信联盟、经济合作与发展组织、国际货币基金组织、国家统计局等国内外公开、权威的数据库，这些数据以统一的国际标准，保证评价结果的客观、公正。

三 "丝路指数"的测度框架与指标体系

基于以上的现实意义、基本理念与基本原则，"丝路指数"由信息化水平、经济发展、政治社会、能源资源、交通运输5个一级分指数和信息基础设施与应用、信息产业贸易、科研支撑、宏观经济、市场环境、与中国的经贸关系、政治稳定与社会发展、能源资源产量与出口、交通基础设施与物流9个二级分指数构成，各一级分指数和二级分指数如附图4－2所示。

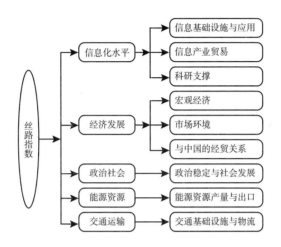

附图4－2　"丝路指数"的一级分指数和二级分指数

信息化水平："丝路指数"的核心价值在于为国家、地方、企业及亚投行与丝路基金进行海上丝绸之路信息化建设提供有意义的参考建议，因此，评估沿线国家的信息化水平是"丝路指数"最核心的内容。"丝路指数"从信息基础设施与应用、信息产业贸易、科研支撑三个方面反映各国的信息化水平。

经济发展：经济发展水平是进行信息化建设时需要考量的宏观环境之一，体现了一国的综合国力。宏观经济形势越好，信息化建设的经济风险越小。市场环境越优良，企业开展经济活动的成本越低。与中国的经贸关系越频繁，中国参与其信息化建设的可能性越大。

政治社会：自中国全面实行改革开放以来，从中国资本海外投资的具体情况来看，一国的政治稳定程度和社会发展状况直接影响着中国对外投资的风险程度和资本安全。政治越稳定、社会发展状况越好，对外投资面临的政治风险就越小，资本也就越安全，可供选择的外交策略、合作方式、商业模式就越多。因此，全面了解和把握沿线国家的政治稳定程度和社会发展状况是有效降低投资风险、保障资金安全的重要基础。

能源资源：目前中国的产业转型升级面临较大的能源资源约束，海上丝绸之路建设的目的之一是为中国的能源资源开源，以缓解这一困境。因此，一国的能源资源储备、产量及出口能力等反映了该国信息化发展的潜力，同时也体现了该国的战略投资价值。

交通运输：交通运输体现的是各国物理上互联互通的能力，只有实现了物理上的互联互通，才有可能进一步实现信息上的互联互通。因此，对交通运输的评估实则反映的是各国信息化建设的基本保障能力。

为保证评估结果的客观性、公正性和有效性，"丝路指数"从世界银行、国际电信联盟、国家统计局等公开、权威数据库的 1000 多个指标中筛选出了 44 个指标作为基础指标，具体如附表 4-1 所示。

附表 4-1   "丝路指数"指标体系

总指数	一级分指数	二级分指数	基础指标
丝路指数	A. 信息化水平	A1. 信息基础设施与应用	a11. 所拥有的电话线路数量(每百人) a12. 移动蜂窝式无线通信系统的电话租用(每百人) a13. 互联网用户(每百人) a14. 固定宽带互联网用户(每百人) a15. 安全互联网服务器(每百万人) a16. 通电率(占人口的百分比)

续表

总指数	一级分指数	二级分指数	基础指标
丝路指数	A.信息化水平	A2.信息产业贸易	a21. 信息和通信技术(ICT)产品出口(占产品出口总量的百分比) a22. 信息和通信技术(ICT)产品进口(占产品进口总量的百分比) a23. 计算机、通信和其他服务(占商业服务出口额的百分比) a24. 计算机、通信和其他服务(占商业服务进口额的百分比) a25. 高科技出口(占制成品出口的百分比)
		A3.科研支撑	a31. R&D 研究人员(每百万人) a32. 专利申请量(每百万人) a33. 研发支出(占 GDP 的比例)
	B.经济发展	B1.宏观经济	b11. 人均 GDP(2005 年不变价美元) b12. 外国直接投资净流入(BoP,现价美元) b13. 偿还债务总量(占国民总收入比例) b14. 按 GDP 平减指数衡量的通货膨胀(年通胀率) b15. 货物和服务进出口总额(2005 年不变价美元)
		B2.市场环境	b21. 总税率(占商业利润的百分比) b22. 海关手续负担 b23. 劳动力参与率(总数,占 15~64 岁总人口的百分比) b24. 企业开业成本(企业登记注册费占人均 GNI 比重)
		B3.与中国的经贸关系	b31. 中国同各国(地区)海关货物进出口总额(万美元) b32. 中国同各国(地区)相互对外直接投资总额(万美元) b33. 中国对各国(地区)的对外经济合作(承包工程,完成营业额)(万美元)
	C.政治社会	C1.政治稳定与社会发展	c11. 政治稳定性 c12. 政治透明度 c13. 腐败指数 c14. 友好城市数量 c15. 领导人访问次数 c16. 总失业人数(占劳动力总数的比例) c17. 识字率,成人总体(占 15 岁以上人口的百分比) c18. 公共教育支出,总数(占政府支出的比例)

续表

总指数	一级分指数	二级分指数	基础指标
丝路指数	D. 能源资源	D1. 能源资源产量与出口	d11. 人均石油产量(千桶油当量/日/百万人) d12. 人均天然气产量(立方米/人) d13. 人均煤产量(吨/百万人) d14. 矿石和金属出口(占商品出口的百分比) d15. 燃料出口(占商品出口的百分比)
	E. 交通运输	E1. 交通基础设施与物流	e11. 公路密度(陆地每100平方公里内公路的公里数) e12. 铁路密度(陆地每10000平方公里内铁路的公里数) e13. 港口基础设施的质量 e14. 航空运输量,注册承运人全球出港量 e15. 物流绩效指数:综合分数

基础指标选择遵循以下几个标准:一是所选指标与各一级分指数和二级分指数有紧密关联,体现各级分指数的核心观点和领域;二是满足数据的可获得性,部分较好的合意指标,如"信息产业贸易"二级分指数下的"信息产业占国内生产总值比重"基础指标,因大部分国家数据不可得而放弃;三是主要选取相对指标而少用绝对指标,如"互联网用户(每百人)""人均GDP""总失业人数(占劳动力总数的比例)",以剔除不同国家间体量不同而造成的影响;四是选用最具典型性和代表性的指标,部分一级分指数和二级分指数涉及多个方面,如"宏观经济"二级分指数,是考虑经济发展水平、对外投资水平、国家债务水平、价格水平、进出口水平等因素,最终选取了"人均GDP(2005年不变价美元)""外国直接投资净流入(BoP,现价美元)""偿还债务总量(占国民总收入比例)""按GDP平减指数衡量的通货膨胀(年通胀率)""货物和服务进出口总额(2005年不变价美元)"5个基础指标。

附录2：厦门港口信息化建设方案

一 构建基础网络平台设施

基础网络平台设施总体结构可采用国际标准的以太网星型结构，应用虚拟局域网（WLAN）技术把网络环境划分为多个安全域，采用冗余组网提高网络的可靠性。整个网络可由内网、外网组成，内网主要指联结港口内部相关组成单位的内部业务网。外网建立港口、航运与其他物流企业网络群，将港口作业自动化与港口管理信息化的各个节点组成港口物流信息网，以业务数据为中心，实现港口物流生产信息化。

二 建设传感器数据采集系统

传感器数据采集系统可采用卫星定位系统（GPS/北斗）、无线局域网（WLAN）等系统构建，实现动态监控管理整个港口，将实时获取的信息传送到管理控制中心和综合数据库管理系统，如北斗高精度智能港口管理系统可以使客户掌握港区实时动态，记录港口货物吞吐量，并且从多个角度对港口的运营进行统计分析。其中包括四个方面。①港区监控功能：记录并监控抵离港船舶、锚地等待船舶和码头靠泊船舶，监控空闲码头泊位和货物堆场，并及时对港口管理人员进行提示。②吞吐信息管理功能：对港口每日货物吞吐量进行记录，并可根据码头和货物类型等条件过滤吞吐量信息。③港口运营分析功能：可选择按照时间、货物种类、码头、泊位等条件统计并分析吞吐量、周转量、装卸时间等港口运营重要因素。④集装箱作业监控管理：系统对信息资源的采集、传输、加工、共享进行全面的规划整合，突出港口物流枢纽的数据交换和共享的特点，解决了港口系统的松散耦合、数据重复不共享、信息孤岛等传统问题。

（1）RTG自动行走纠偏系统：创建"虚拟轨道"功能，实现大车直线行走，自动识别和纠正跑偏隐患，消除传统RTG司机长时间低头手动纠偏的疲劳作业和RTG行大车与集装箱碰撞安全的隐患。

（2）PDS箱位监测系统：通过高精度北斗/GPS定位，整合集装箱码头现有作业工艺、流程及生产信息，对集装箱进行全程精准锁定，实现数字化箱位作业管理，堆码准确率100%。对于龙门吊和堆高机，分别结合PLC控制系统和叉车控制器，检测GPS、GIS信息，整个作业过程始终处于受控状态，彻底消除司机误操作。

（3）虚拟码头可视化监控管理系统：通过GPS、组合定位设备以及电控设备获取作业机械的位置和状态，与生产管理系统相结合，通过三维或二维方式仿真显示码头的全局作业情况，实现码头生产可视化实时显示与事后回放，更形象，更直观。

（4）集卡智能调度与生产管理系统：综合运用通信、自动控制、GIS、GPS等技术，从生产过程控制入手，全方位、多角度地实现集装箱运输企业生产关键要素，如堆场、道路、集卡、集装箱的作业数据自动采集、位置精确定位、作业过程动态跟踪、作业指令自动配发、业务合理控制和管理。

（5）码头作业监控管理系统：综合采用GNSS（GPS/北斗）、GIS、RFID/条形码WiFi/GPRS/3G通信技术等物联网技术，从生产过程控制入手，将作业调度、货物堆存和汽运及铁路疏港等关键作业流程有机的进行整合，再造港口大宗散货作业、疏港新流程。实现垛位实时监控、发运数据实时采集更新、作业指令及时传递、场地作业机械精确定位和业务信息同步共享。

三 构建智能港口综合信息数据库管理系统

综合信息数据库管理系统可以使管理部门、客户掌握各类必需的信息，并可进行各种类型层次的专业统计、分析、决策。系统应充分考虑规划、管理部门各级领导和工作人员、港区客户对信息的需求，可采用多媒体集成技术，将文本、图形、图像、声、视频有机结合，可用文件、矢量查询、栅格信息查询、电子图书、演播系统等方式表达信息。可对各数据库某一字段进行排序、分类统计、汇总、对分析结果以各种图表、表格、文字方式输出，并在可视化图形窗口进行专题渲染。系统可根据对象与其他对象之间相交、相邻、包含的空间关系选择数据子集，具有点位置、线长度和面积等测算功能。数据库系统使用数据仓库、OLAP 分析和数据挖掘等技术，综合利用各业务数据库资源，实现航运市场分析、水运企业分析、涉港企业分析、规费征管分析、行业监管分析、安全事故分析、港航应急指挥和预警等功能，体现信息化服务于厦门港的宗旨。

（一）基础信息数据库

作为综合性大型港口，厦门港口设施、地下管线、铁路、公路、码头、建筑物等星罗棋布，各类空间和地理信息十分丰富。综合性信息数据库管理系统应确定各项内容、精度和容量等，能为不同层次的需求提供支持。同时也可以根据港区业务的变化需求，从基本信息系统中获知具体的改进方向和改进细节，从而进一步丰富完整数据库管理系统。可包括以下子数据库。

（1）基本地理信息数据库。港区建设以 GIS 为主体，包括码头、岸线、航道等内容的综合基础数据库，实现管理对象的数字化，数据库内容可包括港口位置、规模、能力、设施、设备；航道位置、等级、枢纽、航标、潮汐、潮位等。

（2）企业基础数据库。加快港区企业基础信息共享工作和元数据标准化工作，基本实现港航市场主体的数字化，数据库内容可包括船名、船舶类型、载重吨、航运公司组织结构、主要负责人等。

（3）港航法律、法规和标准等数据库。可包括国内、国际法律并及时动态更新，为港航事务处理提供最新的、全面的信息支持。

（二）业务管理数据库

港区业务管理涉及进行两大子数据库的建设，并基于应用支撑层进行业务的协同互动，构建以数据中心为核心，以应用支撑层为实现手段的港口物流综合运行分析与行业预警系统，为管理决策、跨部门协同和公众服务提供服务。两大子数据库为航运管理数据库和港口物流数据库。

（1）航运管理数据库。以船舶为主线，将水运管理和船检这相对独立的两大系统，通过船舶数据库的形式相连，形成港区船舶数据库，为水运管理和船检管理提供数据服务。如构建船舶自动识别系统（AIS），到港船舶通过 AIS 实现船舶定位，准确把握需要引航船舶的确切位置；为完善的数字化电子引航管理系统提供支持，具有引航业务管理的必要信息，如船舶年审、船舶营运证办理等管理信息；船舶新建检验、船舶图纸审核等；码头管理、引航管理、航道管理、AIS、全球定位系统（GPS）等信息。

（2）港口物流数据库。港口物流数据库以互联网为基础，采用港口物流领域专用智能闸口管理系统、散杂货码头营运管理系统、智能堆场通信及定位系统、电子车牌电子驾照系统、货物配送信息采集系统（包括 GIS 系统）等港口物流信息化技术，连接港口物流生产经营企业，构筑船、箱、货动态跟踪网络，为货主和相关企业提供跟踪查询服务；借助港航信息平台，实现港区、物流园区、公路和铁路运输与堆场的信息共享，为政府的港口物流决策提供技术支持；通过不同功能模块的叠加组合，满足不同类型的港口物流企业对信息平台的功能需求。

（三）综合管理信息数据库

综合管理信息数据库应能够融合港航指挥中心、港口管理、航运管理、综合行政管理、港口物流及外部系统的行业，为决策分析系统提供数据支持。综合管理信息数据库通过信息化集成，在港口综合管理数据库实现数据的录入、交换和输出。数据库采用模块式布置，并留有扩展、接口模块，便于日后完善。综合管理信息数据库包括两大子数据库。

（1）行政管理数据库。集中部署，形成统一的综合管理数据库。数据库具有以下功能：为港口物流企业各类数据报送提供电子化环境；车辆管理、设备管理等实现网络化；实时数据自定义抽取和展现，形成各种形式的分析报表，为管理决策提供依据。

（2）港区指挥中心数据库。港区指挥中心数据库要能够支持港口生产指挥、港口服务指挥和港口监管指挥为主要功能的指挥职能，并为航运监管职能，统一指挥港区生产监管提供必需信息。

四　制定信息化标准规范体系

在国家信息化建设标准体系框架下，根据国家和相关部委已经颁布实施的各项行业标准和推荐标准，结合厦门港航信息化建设的实际要求和相关业务要求，构建信息技术标准体系、信息资源标准体系、网络基础设施标准体系、信息安全标准体系、应用标准体系、管理标准体系，为项目实施提供依据。尤其在港航应用业务标准方面制定港航事务处理信息的分级分类、港航元数据建立及应用、数据统计分析、作业流程等标准；在应用支撑标准方面制定数据交换、网络和软件环境、信息系统接口等标准；在信息安全方面制定数据安全体系、认证体系和开放系统安全等标准。

五　构建港口信息安全体系

依据港口运营信息和数据的特征，构建港口信息安全体系，包括但不限于统一身份认证平台、网络安全平台、云计算平台、数据库安全平台、应用系统安全平台、操作系统安全平台和安全运营中心等，对港口运营的信息和数据进行监控和预警，建立安全有效的信息分发机制，以满足政府机关、集团公司、口岸单位、码头公司、船货代等业务单位运营的实际的业务运营中对信息和数据的需求，保障港口生产管理、港口物流管理、港口资源管理和港口商务管理等信息系统和港口运营的安全。

（1）强化电子政务信息安全管理组织体系。从思想上统一港航各部门对港航信息化建设的整体认识，通过共建共享来形成促进港航信息化建设的动力机制，充分实现资源的共享；通过建立健全港航信息化建设和管理相关政策法规，明确各部门的责任、权利和义务，逐步形成港航信息化建设的引逼机制，实现信息化建设的均衡发展；通过完善信息采集、编辑的有关规章制度，形成信息更新、维护的管理机制。

（2）建立电子政务远程容灾备份系统。加强电子政务灾难响应和应急处理体系建设，借助信息化手段，改变传统以事后处理为主的安全管理模式，推动电子政务重要系统的灾难备份建设。

（3）构建信息安全技术支撑体系。加大信息安全技术防御和保障力度，及时制定和完善电子政务各类应用系统的安全保障方案，着手推进港航业 CA 认证中心的建设，提高政务网络系统的安全性。

（4）建立信息安全风险管理体系和隐患排查整治体系。建立港口工程施工对信息系统风险评估制度；切实落实客运码头、滚装码头、油气液体化工品码头及库区、油气危险化学品输送管线等安全生产的企业主体责任和港口行政管理部门职责范围内的信息化监管责任。

目前，厦门港正努力实现"绿色型、平安型、智慧型"港口的转型。主要转型方式是通过加强技术和管理创新，推动港口绿色发展；加强港口安全管理，深化港口平安建设；提升港口信息化水平，促进智慧型港口建设，促进港口服务高效便捷。其中信息化具有核心的地位，在由主要提供装卸服务向提供装卸服务和现代港口服务并重转变过程中，通过提升信息化水平来完善港口运输体系，推进综合交通枢纽建设以及集约发展，强化厦门港在全国乃至全球综合交通运输体系中的枢纽地位。

附录3：厦门市口岸工作未来发展策略

口岸是国家对外开放的门户，是对外交往和经贸合作的窗口和桥梁，是维护国家安全的重要屏障。改革开放30多年来，口岸快速发展，对我国改革开放和现代化建设产生了广泛而深远的影响。当前，受国际金融危机影响，全球经济格局发生了深刻变化，国内经济发展进入新常态，在国家提出"一带一路"倡议的大背景下，我国全方位对外开放工作步入新的发展阶段，这些都对厦门市口岸工作提出了新的更高要求。

一 厦门市口岸工作基本情况

（一）厦门市口岸各类业务增长势头迅猛

2015年1~6月，厦门海港外贸货物吞吐量5001吨，同比增长4.4%；外贸集装箱吞吐量327万标箱，同比增长15.2%；空港出入境飞机1.35万架次，同比增长8.8%；出入境旅客134.9万人次，同比增长14.9%；出入境快件中心快件总量6466.5吨，同比增长12.4%；夏金出入境旅客78.2万人次，同比增长16.8%。

（二）厦门市口岸通关环境持续改善，通关便利化水平不断提升

厦门市贯彻落实国务院《落实"三互"推进大通关建设改革方案》（国发〔2014〕68号），加快厦门国际贸易"单一窗口"建设，推动"三个一"工作顺利开展，目前"一次查验"基本覆盖所有符合条件的货物品类。厦门市积极推动地方电子口岸、口岸相关部门以及地方政府间的数据交换，实现了海关、检验检疫、海事、边检等部门跨部门数据共享、监管互认，推动口岸部门出台或简化查验手续，提升口岸通关效率和水平。

二　厦门市建设创新型口岸的有利条件

（一）厦门深化口岸工作符合中央对新时期国家口岸工作的总体部署

2015年4月，国务院发布了《国务院关于改进口岸工作支持外贸发展的若干意见》，文件就改进国家口岸工作、支持外贸发展提出了明确要求：一是优化口岸服务，促进外贸稳定增长；二是加强口岸建设，推动外贸转型升级；三是深化口岸协作，改善外贸发展环境；四是扩大口岸开放，提升对外开放水平；五是夯实口岸基础，提高服务经济社会发展能力；六是加强对口岸工作的组织领导。

厦门是我国对外开放的前沿示范区，在国家全面深化对外开放的今天，立足厦门建设创新型口岸，创建国家口岸管理工作示范

区,既可展现厦门发展的国际形象,也可对国家口岸工作起到良好的带动作用。

厦门地处连接台湾地区和东南亚国家的核心区域,建设创新型口岸代表着其城市建设和发展水平。一方面,厦门通过彰显中国特色的先进的口岸管理体系,加快治理体系和治理能力现代化建设,以市场化、法制化、国际化的理念和更加开放的姿态融入全球发展中,可增强对台湾地区和东南亚国家发展的影响力;另一方面,厦门地处对台工作前沿,直接面临台海安全问题,在厦门建立先进的口岸管理体系,不仅可有针对性地增强大陆对来自台湾的人员和货物的管控能力,而且还可作为一个重要屏障,阻断来自该方向的各种威胁。

(二)"一带一路"倡议为厦门建立创新型口岸带来重大机遇

自国家提出"一带一路"倡议以来,如何完善"一带一路"内陆地区口岸支点布局,支持国家"一带一路"的顺利实施,一直是各相关地方政府应认真思考的问题。厦门作为丝绸之路经济带和 21 世纪海上丝绸之路重要的潜在的战略通道交会点,将在打通"一带一路"国际交通大动脉过程中成为重要的战略支点城市。而这将为厦门建立创新型口岸带来前所未有的发展机遇。

三 厦门加强口岸工作能力建设的主要内容

一是加强创新型口岸开放机制建设。厦门市应进一步加强口岸运量统计、通关效率和发展状况监测分析能力,运用信息化手段科学预测中远期客货运量，为口岸的开放布局、优化整合、投资建设等提供及时和准确的数据支撑。此外，厦门应将共建文明口岸活动作为口岸日常工作中一项长期重要工作来抓，注重市级层面的组织领导，明确工作职责，制定工作规范，结合各自工作实际，制定实施办法，实现口岸共建的科学化、制度化、规范化。

二是注重口岸工作效率建设。检查检验、港口装卸、代理服务三大环节要认真总结实施大通关的经验，对照大通关工作目标，查找工作中的不足，把群众意见多、社会影响大的问题分析透、解决好。根据口岸通关特点和单位业务实际，厦门应继续推进口岸通关模式创新、口岸科技手段创新和部门联动模式创新。进一步加强电子口岸建设，打造集口岸通关执法管理及相关物流商务服务为一体的现代化服务平台，使通关流程更简便，通关速度更快捷，通关费用更节省。

三是进一步完善地方性通关法治体系建设。厦门市应抓紧出台针对台湾地区和东南亚国家业务特点的地方性口岸工作条例。建立健全口岸开放、建设、运行等方面的规章制度。加快建设企业诚信数据库，建立健全企业信用评价档案。制定完善查验机构执法服务规范和标准，营造稳定、透明、可预期的执法服务和营商环境。

第五章 "一带一路"背景下厦门深化对外人文交流的策略与路径

张金岭[*]

"民心相通"是党和国家提出的"一带一路"倡议所包含的五大合作重点之一,是"一带一路"建设的社会根基,可以为深化双边、多边合作奠定坚实的民意基础。实现"民心相通"必然需要开展人文交流。作为"一带一路"倡议下全方位对外开放的一个基础性领域,人文交流的作用主要在于,以人文的方式在观念、共识等方面创设基础性的合作环境。凝练人文交流的精神内涵,建设合宜的推进载体,是人文交流战略规划的重要内容。若要充分发挥人文交流的基础性作用,就不能在实践中流于形式、走过场,缺乏真正的推进机制,而是要明确高远的战略定位、清晰的推进思路,做出操作性强的项目规划。

此研究报告对厦门面向"21世纪海上丝绸之路"国家开展人文交流应把握的战略目标、总体思路、重点领域、项目规划等进行了分析论证,并将之同时置于国家和福建省"一带一路"建设的框架下考量,呼应国家战略和福建规划,既服务于大局,又突出自

* 张金岭,中国社会科学院欧洲研究所副研究员。

己的特色。同时,报告也就厦门对外人文交流的新机遇进行了分析,梳理了厦门所拥有的人文资源优势,及其与"海丝"沿线国家人文往来的情况,还基于"海丝"沿线国家的人文特质,分析了厦门与之开展人文交流活动所面临的主要挑战。

在分析论证中,报告特别强调厦门、漳州、泉州三地区域社会人文资源的整合,以提升对外人文交流的总体实力,同时兼顾区域社会的协调发展;重视人文交流与产业发展相结合,在发挥人文交流的基础性作用促进其他领域合作的同时,也强调通过产业合作中的具体项目进一步夯实人文交流的载体,形成良性循环;同时,也注意在机制设计上,为厦门在面向"海丝"沿线国家开展人文交流的过程中发挥其作为对台工作前沿平台和两岸关系支点的作用、深化对台人文交流与合作,留出了相应的机制空间。

第一节 "一带一路"背景下厦门对外人文交流的基本框架

一 厦门参与"一带一路"人文交流的角色定位

厦门在我国经济社会发展的诸多领域中拥有众多独特优势。国家发改委、外交部、商务部联合发布的《推动共建丝绸之路经济带和 21 世纪海上丝绸之路的愿景与行动》(以下简称国家《愿景与行动》)和福建省《关于落实丝绸之路经济带和 21 世纪海上丝绸之路建设战略的实施意见》(以下简称福建《实施意见》)均就厦门参与"一带一路"建设提出了战略性定位与要求,分别对其在国家和福建省的战略布局中所能发挥的积极作用给予了很高的期待。

厦门参与"一带一路"的人文交流，必须要积极融入国家和福建省的战略规划，既要整合资源，以配合大格局规划的实施，又要谋求创新，突出自己的特色，借以打造"现代海上丝路新起点"，全面推动厦门及其周边区域面向"海丝"沿线国家开放，带动福建省乃至全国的"一带一路"建设，只有这样才能真正实现厦门市《关于贯彻落实建设丝绸之路经济带和 21 世纪海上丝绸之路战略的行动方案》（以下简称厦门《行动方案》）所提出的建成"海丝"中心枢纽城市，以及 2015 年底发布的《中共厦门市委关于制定国民经济和社会发展第十三个五年规划的建议》（以下简称厦门《十三五规划》）将厦门建设成为"海丝"战略支点城市的总体目标。

厦门参与"一带一路"的人文交流，要注重借重近代以来厦门社会发展的人文资源，传承优良的历史传统，尤其要发扬作为经济特区在改革开放过程中所积累的新精神，还要在《美丽厦门战略规划》的框架下，将文化建设与城市化建设有机结合，提升人文社会的品质，充分体现"美丽厦门"五大美丽特质中的多元人文美、社会和谐美和发展品质美等基本内涵，借以带动和推进"厦漳泉"三地人文资源的整合。要与"美丽厦门"建设相结合，在参与"一带一路"建设中努力推动厦门人文建设的多元化，突出传统与现代的并存，并为不同民族间的文化对话创设社会氛围与空间，提升厦门在国际社会中的文化形象。

厦门参与"一带一路"的人文交流，积极响应党的十八届五中全会提出的"五大发展理念"建设，尤其要在人文建设中突出创新、协调、开放、共享的理念，使之既成为地方社会人文资源整合的指导理念，又作为面向"一带一路"沿线国家进行人文交流的价值导向，让创新、协调、开放、共享成为不同民族之间互动的基本理念，推动厦门当地的人文建设与对外人文交流有机地融入未来中国社会整体的发展变革中。

着眼于面向"一带一路"尤其是"海丝"沿线国家全方位开放的总体战略，厦门在人文交流方面具有特别突出的优势，为国家与福建省的"一带一路"建设所能做出的贡献也是不可估量的。

二 厦门参与"一带一路"人文交流的两个着眼点

"一带一路"框架下的对外开放，同样意味着中国各地区域优势的整合，充分发挥各自的比较优势，协调配合，实行更加积极主动的开放战略，全面提升对外开放的水平。这一"对内整合、对外开放"的建设思路已经明确体现在国家《愿景与行动》之中。而且，《中共中央关于制定国民经济和社会发展第十三个五年规划的建议》（以下简称《十三五规划建议》）也明确提出，要以"一带一路"建设为引领，拓展和创新区域发展，坚持协调发展，着力形成平衡发展结构。

因此，"一带一路"建设中的人文交流同样具有"对外"和"对内"双重目标。"对外"即意味着面向"一带一路"沿线国家和地区的人文交流，"对内"则是国内各地区人文资源的优势整合。在此机制下，参与对外交流的中华人文资源才具有更强的推动力和吸引力，与"一带一路"沿线国家及地区的人文互动才会更加广泛和深入，进而形成《十三五规划建议》所提出的"内外联动的人文交流格局"，这也是"坚持统筹国内国际两个大局"的内涵之一。

具体到厦门，"一带一路"人文交流建设的基本着眼点应当确定为以下两个方面。

一是重点面向"海丝"沿线国家开展人文交流，集中走向东南亚，并逐步辐射到南亚、西亚和非洲，直至欧洲。厦门《行动方案》已经将马来西亚、新加坡、印度尼西亚、泰国、菲律宾、越南、印度、伊朗、斯里兰卡等9个"海丝"沿线国家确立为重点国家。而且，近些年来，厦门已在不同程度上与这些国家建立了包括人文交流在内的交流与合作机制，积累了经验。

二是着力整合"厦漳泉"三地人文资源优势①，在推进区域社会发展的同时，借助闽南文化资源的整体力量协作推进，深化面向"海丝"沿线国家的人文交流。目前，厦门、漳州和泉州正在施行的同城化建设，为三地人文资源的整合积累了经验；"一带一路"框架下三地人文资源的整合也将为三地同城化建设提供持久的人文动力，这也是《十三五规划建议》提出的在"十三五"期间"培育发展新动力"的内在要求之一。

从汲取国际经验的角度来看，"一带一路"建设中的人文交流应当借鉴中欧（包括欧盟成员国）之间人文合作的经验。人文交流是中欧关系中除政治对话、经贸合作之外的"第三支柱"，有力地促进了中国同欧盟（尤其是与其成员国）之间的相互了解，逐步培养了彼此间的信任与友好的情感，为中欧全面战略伙伴关系的发展提供了重要的社会、人文与民意基础，做出了难以估量的贡献。

---

① 厦门的"十三五"规划提出了"加快推进厦漳泉龙同城化"建设的目标，但着眼于面向"海丝"人文交流整体力量的提升，需要倚重的核心资源则是身处闽南文化核心区域的"厦漳泉"三地人文资源。

第二节 "一带一路"背景下厦门对外人文交流的新形势

一 厦门对外人文交流的新机遇

厦门对外交流历史悠久,自"五口通商"时起,就是"海上丝绸之路"重要节点城市。近三十年来,作为全国第一批四个特区之一的厦门在对外经贸合作、人文交流等方面取得了跨越式发展,为融入新时期国家"一带一路"建设打下了坚实的基础。"一带一路"建设为厦门整合其周边区域性人文资源、促进区域社会的发展,进一步深化与"海丝"沿线国家的人文交流提供了新机遇。

国家《愿景与行动》和福建《实施意见》均在更高战略层面上设定了厦门参与"一带一路"尤其是"海丝"建设的关键性角色,厦门《行动方案》则进一步明确了逐步建成"海丝"中心枢纽城市的目标,并根据面向"海丝"全方位开放的具体情况,明确了基础设施、贸易金融、双向投资、海洋合作、旅游会展和人文交流等六大重点领域。

在国家与福建省面向"海丝"沿线国家开放、增强战略合作的框架下,厦门拥有更多契机,在人文层面上推进其周边区域社会的整合,尤其是"厦漳泉"同城化建设,实现协同发展;而且,厦门在人文建设方面的区位优势与资源优势进一步凸显,以厦门为中心、以闽南文化为纽带,带动"厦漳泉"区域性人文资源的整合,扩大闽南文化圈的影响,有利于增强中华文化走向"海丝"沿线国家的整体实力,以提升厦门对内、对外的人文影响,通过建设人文交流的枢纽城市，实现以点带面的辐射作用。与此同时，对外人文交流整体实力的增强，可以为密切与"海丝"沿线国家其他领域的合作提供更强大的动力，促进双方建立更加友好、更加稳固的交流关系，服务于国家开放战略、福建省发展战略和厦门经济社会发展的总体定位。

"一带一路"建设是一项系统性工程，强调政策沟通、设施联通、贸易畅通、资金融通、民心相通等"五通"合作重点之间的相互配合。将着重于民心相通的人文交流建设纳入其中，有助于通过人文交流所创设的人文环境带动并服务于经贸、投资、基础设施建设等领域的合作，为谋求提升沿线国家与地区人民的民生福祉服务。恰如《十三五规划建议》所提出的，在"一带一路"建设中，要广泛开展教育、科技、文化、旅游、卫生、环保等领域合作，造福当地民众。在厦门带动周边区域面向"海丝"全方位开放的过程中，双方在经贸、投资、基础设施建设等领域的合作将会同人文交流形成相互促进的局面，形成人文交流与经贸合作协同推进、深度融合的互利合作格局。

二 厦门面向"海丝"沿线国家开展人文交流的资源优势

厦门拥有悠久的历史文化传统，作为一座世界知名的历史文化名城，拥有强大的人文吸引力，而当代厦门的文化建设成绩卓越，又为厦门社会的发展、全方位对外开放提供了强大的文化软实力。这也是厦门整合周边人文资源、全方位面向"海丝"沿线国家进行人文交流的优势所在：一方面，厦门的文化历史传统、当代人文环境建设所形成的人文吸引力，使之拥有整合周边区域人文资源的优势，以闽南文化为核心，以现代文化建设为平台，拓展周边地区的人文建设，促进周边区域社会的协调发展；另一方面，以厦门为支点，聚合周边人文资源，可以为厦门及其周边地区在"一带一路"倡议下全方位开放、面向"海丝"沿线国家开展人文交流营造友好往来的氛围，为政治、经济层面的交流与合作提供动力。另外，厦门作为特区城市，对外人文交流的区位优势、示范效应明显。总之，在整合资源、建设中心枢纽城市、发挥示范引领作用方面，厦门具有独特优势。

1. 拥有历史悠久且特色鲜明的优秀地方文化

厦门地处闽南文化圈的核心地带，闽南文化传统源远流长，有很多独具特色的习俗，民间曲艺种类繁多、流传广泛，人文吸引力大，有利于厦门周边区域社会的整合。历史上，厦门对台人文交往比较密切，与"海丝"沿线国家的文化往来也比较多，闽南文化更是其增强与"海丝"沿线国家华侨华人亲情关系的重要纽带。

目前，厦门拥有众多被列入各级文物保护名录、文化遗产保护名录、非物质文化遗产保护名录的文物与遗产，它们均是厦门历史文化传统、人文特色的见证，是推进区域社会整合，并借以全方位对外开放、开展人文交流的文化符号。

2. 人文环境的历史维度与厚重感不断增强

近些年来，厦门不断加强物质文化遗产的保护管理，完善文化遗产保护传承体系，持续推进一批文化遗产的申报，尤其积极推进鼓浪屿及闽南红砖建筑申报世界文化遗产。同时，不断深化非物质文化遗产的保护工作，积极组织申报市级、省级、国家级、世界级非物质文化遗产代表性名录项目，为各项目传承人提供条件支持。厦门还积极推进文博事业的发展，继续推进博物馆、纪念馆免费开放工作。所有这些措施，均在不同方面、不同程度上增强了厦门人文环境的历史维度与厚重感，促进了厦门文化软实力的提升。

3. "大文博会"理念不断拓展助力文化产业迅速发展

十几年来，厦门陆续在文化领域内推出和建设了一大批品牌活动，比如已经连续举办多年的海峡两岸文博会、海峡两岸图书交易会、厦门国际动漫节、海峡两岸民间艺术节等，并由此形成"大文博会"的格局，进一步配合和带动了会展产业的发展。与此同时，厦门还推动创意设计、动漫游戏、影视、古玩艺术品、数字文化与新媒体、印刷复制、演艺娱乐和文化旅游等八大文化产业快速发展，文化产业发展的优势日益明显。在此背景下，厦门不断推进文化创业园区建设和文化产业示范基地建设，特别重点推进动漫产业、文化创意产业的发展，不断提升厦门文化标签的象征性力量。

4. 文化体制改革助推人文吸引力的提升

近年来，厦门积极稳妥推进文化体制改革，推进城乡文化基础设施、文化惠民、文化信息共享等工程建设，不断完善公共文化服务体系、提升公共文化服务的水平。2014年厦门顺利通过国家公共文化服务体系示范区实地验收和集中评审，成为首批全国公共文化服务体系示范区城市。与此同时，厦门还持续深入开展全国版权保护示范城市创建工作，完善版权服务体系，提高版权监管水平，为部分文化产业的发展提供了良好的制度环境。

厦门人文环境在总体改善的同时，其人文吸引力也不断提升，使之具有对内协助推进"厦漳泉"区域社会协调发展、对外面向"海丝"沿线国家深化人文交流的更多优势。

三 "海丝"沿线国家的人文特质

"海丝"沿线国家的人文资源总体上呈现民族众多、人文多样性丰富，宗教问题复杂、穆斯林人口众多，以及华侨华人分布广泛等特点，这一状况使得厦门在与这些国家进行人文交流时，既拥有有利因素，又面临诸多挑战。

1. 民族众多、人文多样性丰富

"海丝"沿线国家民族众多、语言与民俗丰富，人文多样性特别明显。各国具有不同的历史传统，其社会制度差异也较大。

印度具有人种繁多、血统混杂、民族复杂的特点，大大小小的民族、部族有上百个。除主要民族外，印度还有 200 多个表列部落；各民族的语言数量和种类十分庞杂，没有在全国范围内通用的语言。在马来西亚，有 30 多个民族，除三大主体民族（马来族、华族和印度族）外，还有众多土著少数民族、欧洲人和欧亚混血人等。菲律宾也是一个多民族国家，有 90 多个民族，比萨杨人、他加禄人、伊洛克人、比科尔人等四大民族群体占人口总数的 80%，其他各民族人口约占 20%。

新加坡虽然国土面积小、人口少，却也是一个多民族国家。1819 年后，世界各地尤其是与新加坡邻近的亚洲国家的移民不断进入，使新加坡逐渐成为一个"人种博物馆"，其中华人最多，另有马来人、印度人、阿拉伯人、苏格兰人、荷兰人、阿富汗人、菲律宾人、缅甸人以及欧亚混血人的后裔等。华族、马来族和印度族是新加坡的三大民族。然而，因来源地或方言的差异，这三大民族内部又分成不同群体。

泰国有 30 多个民族，包括泰族（40%）、老族（35%）、华族（10%）、马来族（3.5%）、高棉族（2%）等，其少数民族大多居住在山区。泰国的主体民族与中国的傣族是同根同源的民族，他们之间的民族纽带也成为中泰两国人文交流的有利因素。越南则有

50多个民族，其中主体民族京族（越族）约占86%，其他少数民族人口总数约占全国人口的14%。中国同越南拥有许多跨境民族，他们成为中越人文交流的重要纽带。

"海丝"沿线各国多样的民族构成，孕育着丰富的人文多样性。一方面，不同民族的社会、文化实践背后蕴含着值得其他各民族学习和借鉴的智慧；另一方面，多样性背后的人文差异，也给不同国家与民族之间的人文交流带来了挑战，而且这些国家内部本身就存在着多种多样的民族问题。

2. 宗教问题复杂、穆斯林人口众多

"海丝"沿线各国受宗教影响很深，其中伊斯兰教的影响很大，穆斯林人口众多，在马来西亚、印度尼西亚、伊朗等国家，伊斯兰是其国教。

在可以称得上是"宗教博物馆"的印度，宗教众多，其影响几乎深入社会与文化的每一部分。全国约有80.5%的人口信仰印度教，其他主要宗教包括伊斯兰教、锡克教、耆那教等。因早期叙利亚基督教的传入和近现代受到英国殖民统治，基督教在印度也比较盛行。佛教虽起源于印度，但如今在印度的影响力比较小，佛教徒只占总人口的0.8%。不过，佛教的传播对印度周边的国家却有相当大的影响。

印度尼西亚是一个多宗教、多民族、多元文化的国家。政府于1946年设立宗教部，以加强对宗教活动的指导和管理，向政府提供处理宗教事务的建议，创造和谐的气氛作为社会团结的基础。各级学校开设宗教必修课，学生可自由选课，但必须选择一种。政府认可的宗教是伊斯兰教、基督教（新教）、天主教、巴厘印度教和佛教。此外，还有为数不多的原始宗教和孔教的信徒，前者多为居住在偏远山区的部族，后者为华人。印度尼西亚有 88% 以上的居民信奉伊斯兰教，是世界上伊斯兰教徒最多的国家，教徒属于逊尼派。印度尼西亚独立后，历届政府都重视伊斯兰教团体和广大伊斯兰教徒在政治、经济、社会和文化等领域内的作用，同时限制伊斯兰教极端分子的活动，维护国家统一和民族团结。伊斯兰政治势力在印度尼西亚独立后成为国家政治生活中极其活跃的因素。印度尼西亚伊斯兰教政党林立，其中多数主张以和平的方式建立以伊斯兰教义为基础的世俗国家，唯有马斯友美党的一些领导人积极参与旨在推翻共和国中央政府的"伊斯兰教国运动"（DI），遭到苏加诺政府的坚决镇压。在 1955 年印度尼西亚首次普选以来的历次大选中，伊斯兰政治势力以其强大的阵容、鲜明的政治观，活跃于印度尼西亚政治舞台，与民族主义、共产主义等政治势力一道，成为左右政治格局的三大政治力量之一。1980 年代以来，印度尼西亚伊斯兰教极端分子在国际恐怖主义的策动下，多次进行反政府的骚乱和恐怖活动，均遭政府严厉打击。伊斯兰教极端势力是印度尼西亚国内政治不稳定、危及国家安全的隐患。

马来西亚是伊斯兰教君主立宪制国家，宪法明文规定伊斯兰教为国教，伊斯兰教在马来西亚是最主要和信徒最多的宗教。全国超过 60% 的人信奉伊斯兰教，大多数为马来人；印度人大多数信奉印度兴都教（Hindu）；华人的宗教信仰比较多元化，包括传统的佛教、儒教、道教及自西方传入的基督教和天主教。宪法虽然规定有宗教信仰的自由，但也规定伊斯兰教是其国教，国王是全国的宗教领袖，各州的统治者是各州的宗教领袖。

伊朗是政教合一的政体，信仰独一的真主，一切主权和立法权归于真主，必须要服从真主所有的命令。其宪法规定："伊朗的国教为伊斯兰教,属十二伊玛目派,这是永久不可变更的原则。"伊朗有伊斯兰教专职教士数万人,全国有几万座清真寺。

新加坡也是个多宗教的国家,居民多数信奉宗教,且情况复杂。因民族众多,且来自世界各地,各大宗教在这里都有信奉者。除佛教、道教、伊斯兰教、印度教、天主教和基督教外,耆那教、锡克教、犹太教、拜火教等在新加坡都有自己的组织,并经常举行各种宗教活动。新加坡不设国教,实行宗教信仰自由政策。新加坡人认为,宗教具有融洽社会生活的功能,可以为人们提供一种归属感。在新加坡,全国人口总数中约有16%的人信奉伊斯兰教,穆斯林中90%是马来人,而马来人中有99%的人信仰伊斯兰教。新加坡严格实行政教分离政策,宗教社团不能干涉和介入政治,不允许宗教导致不同宗教团体之间的冲突、社会结构的破坏甚至国家的分裂。

3. 华侨华人分布广泛

"海丝"沿线国家散布着众多的华侨华人,他们当中有相当一部分人在当地建立了自己的事业,同时还跟祖国保持着很亲近的感情,其中不乏闽籍的华侨华人,这成为厦门充分发掘"海丝"沿线国家的人文资源,加强人文交流的重要纽带。

在新加坡,华人占到人口总数的3/4以上,在经济、政治、社会各个方面发挥着主要影响,但华人并没有凌驾于其他民族之上的优越感,新加坡也没有给人以"华侨之国"的感觉。汉语不但没有成为新加坡的国语,政府也没有在教育、就业、行政等方面偏向华人。在新加坡,华人仍主要使用各自祖籍地的方言,主要包括九大方言——闽南话、潮州话、广州话、海南话、客家话、福州话、兴化话、上海话和福清话。其中,讲闽南话者几乎占到新加坡华人总数的一半。这也成为厦门通过亲情纽带联系新加坡华人、同新加坡开展人文交流的有利因素。在新加坡，道教、始祖崇拜等也成为华人相互团结、与祖国保持文化联系的重要载体。其中，信仰妈祖者有相当一部分人祖籍福建。

马来西亚的华人大约有 600 万。华人的数量在马来半岛、沙捞越、沙巴都居第二位，在槟榔屿等地则是人数最多的民族。马来西亚华人多数信奉道教、佛教，尤其崇拜儒家思想，城市居民中也有少数是基督教徒和伊斯兰教徒。马来西亚华人的祖先大多来自中国广东、广西、福建三地。华人由于祖籍来源不同，使用不同的方言，包括福建话、广东话、客家话、海南话等。

在越南的华人大多生活在南方，其中有相当一部分是 20 世纪初从闽粤等地移民过去的。他们成为厦门同越南开展人文交流的重要纽带。

四　厦门与"海丝"沿线国家的人文往来

多年来，厦门已经与"海丝"沿线国家在不同领域、不同层面上开展了丰富的交流与合作，既有项目已经为厦门在"一带一路"建设的框架下进一步加强与这些国家的人文交流奠定了良好的基础。以下是厦门同作为厦门推进"海丝"建设重点合作对象的马来西亚、新加坡、印度尼西亚、泰国、菲律宾、越南、印度、伊朗、斯里兰卡等 9 个国家之间人文交流情况的简要梳理。

1. 与马来西亚的人文交流

厦门与马来西亚之间的交往历史悠久，民间友好交流频繁，合作领域广泛，尤其在友城交往方面颇具规模。双方交往的重点主要集中在与槟城的友城交往、与雪兰莪州巴生市的友城交流、厦门港与槟城港和巴生港的友港关系。厦门与马来西亚槟城州槟岛市于1993 年建立国际友好城市关系，20 多年来双方在高层互访、艺术交流、体育竞技、城市建设等方面开展了深入而广泛的交流与合作，有些项目已经成为持续进行的传统活动。一方面，双方艺术、体育团体的交流密切。比如，厦门爱乐乐团、厦门交响乐团、厦门小白鹭民间舞团、闽南神韵舞蹈团，以及槟城合唱团、舞蹈团等多次互访，开展交流、学习和比赛活动，参加诸多文化节等，两地也多次互派团队参加在对方城市组织的龙舟赛、马拉松比赛等。另一方面，双方高层密切往来，在城市规划管理、经济发展等方面相互交流与学习。

2011 年，厦门与马来西亚雪兰莪州巴生市签订意向书，在园林绿化建设、污水处理等方面开展交流活动。同时，巴生市还积极派员参加厦门举办的南洋文化节。厦门与槟城港、巴生港的友好交往既可为双方在经贸方面的业务往来营造良好的环境，也有利于双方在港口的文化建设、软实力建设等方面开展交流与合作。

此外，自 2012 年起，厦门大学开始在雪兰莪州建立马来西亚分校，该分校将成为厦门与马来西亚进一步拓展人文交流的重要平台，尤其是在青年人才培养、未来新一代群体的共同体意识培育等方面，厦门应当积极动员地方资源为厦门大学马来西亚分校的建立提供帮助。

2. 与新加坡的人文交流

早在 1996 年，新加坡就在厦门设立了总领事馆，逐步密切了双方的人文交流。近年来，厦门与新加坡开展的重要活动有：2014年厦门与新加坡尝试在智慧城市、节水净水、管理规划、医疗卫生、城市交通等方面加强合作。而早在 2009 年，厦门与新加坡合作设立的"福建（厦门）－新加坡友好医疗服务中心"开始建设，2011年正式开业。该中心借鉴新加坡社区综合诊所的模式，纳入厦门市的公共医疗卫生体系，致力于建设成为福建城市公共基层医疗卫生改革的示范点、福建医疗人员培训基地和福建－新加坡医疗交流中心。这些合作与交流基本上围绕着民生议题进行，不但意义重大，而且鉴于新加坡在此领域内的先进经验，其针对性较强，成效显著。

3. 与印度尼西亚的人文交流

2006年，厦门与印度尼西亚泗水市签署缔结友好城市关系的协议书。此后，双方在政府、经贸、文化、教育、体育等领域保持着较为密切的友好交流与合作。厦门曾多次组织文联交流演出团访问泗水，参加"跨文化艺术节"，以及教育、体育等领域的活动。

4. 与泰国的人文交流

2013年，厦门直飞泰国普吉府包机航班的开通，开启了双方之间的友好交往。除高层互访外，两地交往主要涉及教育、文化、艺术、学生交流领域，具体的项目载体有南洋文化节、"福建省东盟政府官员培训班"等。

华侨大学即将在泰国建立的分校，以及厦门大学在泰国设立的孔子学院、华侨大学以合作办学的形式在泰国成立的"华侨大学普吉泰华国际学校"等，将会成为扩大双方人文交流的有力平台。

5. 与菲律宾的人文交流

早在1984年，厦门就与菲律宾宿务市结交友好城市关系，双方交往密切。宿务市多次派老师到厦门任教，厦门则多次派汉语、南音、舞蹈、乒乓球教师赴宿务执教。双方在消防、医药、餐饮、商贸等领域内的交流不断加强。宿务市也曾多次派团参加"中国

（厦门）国际友城论坛"。同时，双方友好社团之间的交流活动也日益密切，带动了民间交往的繁荣。

6. 与越南的人文交流

2012年，越南广南省、朱莱经济开放区代表团访问厦门，考察学习中国发展经济特区的经验，并积极谋求与厦门的合作，同时还对厦门举办的"南洋文化节"表现了浓厚兴趣。厦门与越南地方社会的深入交流与合作由此逐步机制化。

7. 与印度的人文交流

为建立厦门与印度交往新渠道，2013年厦门专门组成友好工作小组访问印度，并积极物色合适的印度地方邦首府城市与厦门建立固定联系，开展交流，发展友好城市关系。近些年来，厦门以茶文化为中介，逐渐加强了与印度的文化交流。2014年9月，厦门举办了第十八届中国国际投资贸易洽谈会"投资印度"推介会，谋求在"海丝"建设的背景下，吸引更多中国企业到印度投资。

8. 与伊朗的人文交流

2014年3月，伊朗驻华大使萨法里夫妇应邀访问厦门，出席"姐妹心连心·共筑中国梦"——2014"三八"节爱心大编织慈善公益系列活动启动仪式。该活动借由编结一条以"中国梦"为主要图样的艺术地毯，来募集善款。这条特别订制的波斯手工壁毯，由厦门女企业家协会委托专家设计图样，由伊朗壁毯编织名家监制，选用中国的上等丝绸为主材，采用伊朗特有的手工编结架与手法编结而成。这一人文象征意义很强的人文交流活动，为双方合作奠定了很好的基础。其间，伊朗驻广州总领事萨拉利扬先生专程拜会了厦门市外办，就如何与厦门市外办加强合作，推动两地之间的经贸、文化交流事宜进行探讨。厦门市外办建议伊朗驻广州总领事馆从在厦门举办文化推广活动、推动伊朗高层访问厦门、开展友城交流等方面着手，逐步加深伊朗与厦门之间的交往与联系。同时，伊朗方面还希望推进厦门与伊朗间进行教育交流。

9. 与斯里兰卡的人文交流

2014 年 10 月，斯里兰卡斯中友谊协会班德拉主席访问厦门，并参加"2014 中国（厦门）国际茶产业博览会"，同时表达了希望通过斯中友谊协会，更好地促进厦门在"一带一路"建设中与斯里兰卡合作与交流的愿望。他希望邀请中方茶企赴斯参加茶叶交流活动，通过促进两地的茶叶贸易和茶叶加工合作，共同打造一个友好交流的平台。茶文化是厦门与斯里兰卡开展人文交流活动的重要载体。作为一个岛屿国家，斯里兰卡土壤非常肥沃，出产品质优秀的茶叶。未来，厦门在与斯里兰卡的人文交流方面，茶文化依然是一个重要的中介。

五 问题与挑战

1. 应当注意的问题

针对"海丝"沿线国家人文方面的总体情况，厦门在"一带一路"建设中同"海丝"沿线国家开展人文交流时，应当注意以下几点。

充分认识到"海丝"沿线国家民族众多、文化多元的现实，为厦门对外开放战略的实施所带来的机遇与挑战；充分重视宗教所蕴含的文化力量，尤其要充分理解宗教对各国、各民族社会文化生活及其人文精神的影响，不能回避宗教问题，而应当因势利导，因地制宜地借重于宗教的积极作用；充分注意到伊斯兰教在"海丝"沿线国家影响很大，了解伊斯兰文明、学会与穆斯林打交道很关键；充分理解到民族众多的现实背后，蕴含着丰富的民族、民俗文化资源，要注意同各国、各地区主体民族做好民间交流，充分发掘各国、各民族民俗文化中的节日资源，突出日常生活的艺术，加强深入的人文对话；应当在人文领域内，与各国及其地方政府就文化、教育、卫生、体育、科技等进行全方位的交流与合作，逐步签署合作协议，落实往来机制；注重文化创意产业方面的合作，将各国的地方传统文化进行合理开发，加强人文交流的载体建设；充分了解到各国现代民族国家建构的社会文化背景，利用好"国庆"这一文化资源，借以强化各民族国家友好往来的意识，强调区域社会的情感交流；充分利用好华侨华人这一人文与亲情资源，以他们为纽带，全面推进与其所在国家及其地方社会的民间人文交往，同时借重华侨华人带动厦门同其他民族的往来。

在"厦漳泉"区域社会整合中，应当注意整合诸多宗教资源，提升宗教生活、宗教礼仪等方面的服务能力，为到厦门参加活动、洽谈业务的来自"海丝"沿线国家有宗教生活需求的宾客提供便利条件，为促进"海丝"沿线的人文往来提供保障。为此，在"厦漳泉"区域社会整合中，应当加强宗教场所的硬件与软件建设，配备高素质的教职人员，为越来越多来厦门的海外信教宾客提供良好的宗教生活环境，照顾到不同国家、不同民族、不同宗教信仰、不同饮食习惯的宾客所具有的多样需求。

2. 面临的主要挑战

宗教信仰在"海丝"沿线国家往往占有重要的政治、社会与文化地位。以宗教作为人文交流的载体，有时候可以在交往中促生一定的亲切感，易于达成共识，取得信任。厦门与"海丝"沿线国家的宗教往来具有一定的历史与社会基础。泰国、越南等国家信仰佛教，与中国佛教渊源颇深；印度尼西亚、马来西亚等国家信仰伊斯兰教,与厦门一直保持着良好的经济文化往来。道教、始祖信仰和保生大帝信仰等民间信仰在"海丝"沿线的华侨华人群体中具有广泛而深厚的民众基础。

但是,宗教交往中内含着很多信仰差异与禁忌,容易造成误解与冲突,切不可大意,尤其要注意与伊斯兰世界的交往。人文交流中的宗教维度是一把双刃剑,须谨慎、再谨慎,但也不能因噎废食,摒弃其应有的积极作用。

今日欧洲社会的整合面临文化多元主义的挑战,其中最主要的挑战就来自民族宗教问题,尤其是涉及穆斯林的诸多议题。穆斯林"被认定为"欧洲国家社会问题的主要"责任人",从根源上是因为欧洲国家在二战结束后未能妥善处理与外来穆斯林移民的关系,积重难返、恶性循环。欧洲国家社会建设的教训足以引起我们的重视,需要清醒地认识到"一带一路"建设中人文交流所面临的各种挑战。

民族文化、宗教信仰和社会制度的差异,以及各国社会发展阶段的不同,成为"一带一路"建设中人文交流的主要挑战,为人文交流主题与内容的凝练、组织落实等带来不同程度的困难。其中,与各国穆斯林社会的交往是最大的挑战,而"一带一路"倡议所涉及的国家和地区中,穆斯林人口占据非常大的比例。

同样,伊斯兰文化在"海丝"沿线国家中的影响也很大,甚至有些国家还以伊斯兰教作为国教。如何在尊重穆斯林的宗教信仰与文化习俗的基础上,与之凝聚共识,共同增进人文互动,是人文交流中的关键因素。

着眼于深化与"海丝"沿线国家人文交流的目标,厦门须认真对待如何与"海丝"沿线国家的穆斯林打交道,既要充分尊重其民族、宗教习俗，又要拓展彼此往来合作的人文领域。为从组织机制上保证与穆斯林之间的正常交往，厦门可设立与"海丝"沿线国家穆斯林交流的特殊机制，建立专门由穆斯林、伊斯兰文化专家等组成的指导委员会，具体问题具体分析，在具体实践中克服文化差异可能导致冲突的负面影响，为人文交流长远、持续、良性发展创设环境。

总体而言，应当注意发挥宗教对于不同国家、不同民族之间开展人文交流所能激发的正能量，避免出现负面影响，尤其是要注意避免出现"民族宗教问题普遍化"现象，即把人文交流中正常存在的人文差异及其有可能导致的分歧甚至是矛盾，当作民族或宗教冲突，"上纲上线"。宗教是一把双刃剑，与"海丝"沿线国家开展人文交往尤其要注意学会趋利避害。

第三节 "一带一路"背景下厦门对外人文交流的战略规划

一 人文交流的战略目标

"一带一路"的战略构想，不是简单地出于发展经济的目的，而是同样（甚至是更多地）考虑到了政治、外交层面的战略，其中就包括通过对等的经济合作推动与"一带一路"沿线各国人民建立更友好的关系。由此，"一带一路"建设中的人文交流既在一定程度上表现为战略目标，又必然成为这一战略构想的有机组成部分。从另一个角度来看，人文友好关系的维系，有利于创设良好的"人心"环境，促进政治、经济、外交等诸多层面的深入交流与合作。

厦门作为一个重要的战略支点，参与国家与福建省"海丝"建设，主要内容不仅仅是经济合作，更重要的是要配合国家战略与福建省的建设目标，推动与"海丝"沿线国家——尤其是东盟国家的人文交流，谋求民心相通。东盟是我国同"海丝"沿线国家人文交流的重点。厦门"十三五"规划也提出，要以南洋文化节、厦门大学马来西亚校区、中国－东盟海洋学院和嘉庚论坛为平台扩大与东盟人文交流，吸引东盟学生来厦门求学，建设人文交流合作基地，并加强友城合作，促进与更多东盟国家的重要城市建立友城关系。福建省发展研究中心的一项研究指出，"过去我国企业与东盟的经济往来，较少考虑互利双赢，出现了无序竞争的情况，一定程度上影响了当地的经济安全，引发当地民众的不友好情绪"。因此，深化与东盟国家的人文交流、创设民心环境，表现为必然的需求。

在面向"海丝"沿线国家开展人文交流的过程中，应当充分发挥厦门与台湾、香港、澳门和东南亚地缘相近、民族相亲、文化相通等优势，有效整合人文资源，为营造良好的人文环境贡献力量；通过人文交流，促进构建国与国之间友好交往的典范；通过人文的深入接触，厚植各国人民之间的情感根基，提高彼此之间相互的认同感，促进形成更友好的交流氛围。

在欧洲一体化进程中，欧洲层面的人文建设，有力地强化了欧洲各国人民命运共同体的意识，增强了他们对于欧洲的认同，成为欧洲社会发展中重要的推动力量。"一带一路"建设将会带动以丝绸之路经济带和21世纪海上丝绸之路为联系纽带的两大区域社会的建设。"一带一路"倡议虽然没有像欧洲那样的"一体化"目标，但在两大区域社会的建设中，增强相关国家人民的"命运共同体"意识，是非常有必要的。

在厦门争取建设成为"一带一路"框架中"海丝"建设中心枢纽城市的目标下，着眼于民心相通的人文交流担负着更高的使命，其战略目标更应当确立为建设成为"海丝"人文交流的中心枢纽，发挥示范与引领作用。基于厦门参与"一带一路"建设人文交流的两个着眼点，其面向"海丝"沿线国家人文交流的战略目标总体表现为以下两点（见图5-1）。

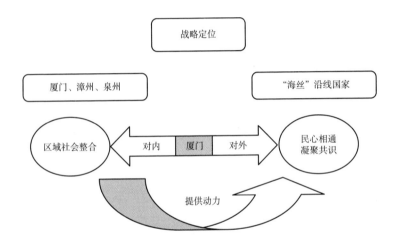

图5-1 "一带一路"背景下厦门对外人文交流的战略定位

1. 对外谋求"民心相通、凝聚共识"

"一带一路"建设中的人文交流应当以"民心相通、凝聚共识"为战略目标的核心要义，同"海丝"沿线国家的人文交流同样如此。为此，需要梳理"海丝"路上的战略性人文资源，规划切合实际的交流项目，以此作为推进人文交流建设的载体，促进不同文明和宗教之间的交流对话，在此基础上凝聚共识，为"海丝"路上的合作凝聚民心，降低其他领域合作的风险。同时，要谋求推动实现与"海丝"沿线国家人文交流的常态化和机制化。

"一带一路"建设中的"五通"的实现,关键是要在各国之间形成良好的认知氛围,让各国、各民族乐于参与"一带一路"建设,实现区域社会的共同繁荣。人文建设有助于为官方交流、企业合作与民间往来提供源源不断的动力,营造融洽的氛围,密切双方往来的纽带。借助人文建设,可以促进中国在"海丝"沿线各国的经贸与投资项目更好地落地,融入地方社会,取得更好的成效。

在明确的战略与项目引导下,人文交流需要有一个窗口城市,以示范效应带动人文交流向纵深层面推进。基于上文分析,厦门适合建设成为中国同"海丝"沿线国家人文交流的窗口与示范城市。厦门既有独特的地理区位优势,又有同"海丝"沿线国家间往来密切的历史传统,还是有名的侨乡,更重要的是厦门近些年来社会发展的综合实力能够展示中国社会发展的最新成就,增强当代中国的人文吸引力。

2. 对内促进厦门、漳州、泉州区域社会的整合

在"一带一路"背景下同"海丝"沿线国家开展人文交流活动,同时也是整合厦门同周边漳州、泉州所形成的区域社会的人文资源,加强区域社会认同,促进区域社会协调发展的良好时机。

实际上,厦门同"海丝"沿线国家开展人文交流,也必然意味着需要广泛利用周边城市乃至整个福建省的人文资源,将之同厦门的人文资源进行整合,在此基础上"打包"与"海丝"沿线的国家和地区进行互动,这样才能发挥人文交流对内对外的辐射性功能。而且,鉴于其人文优势,在此过程中,厦门可作为区域社会人文资源整合的支点,更好地利用闽南文化资源。

"厦漳泉"是闽南文化的核心区域,其人文资源的整合不仅要强调三地地方文化的统一性，充分挖掘历史文化资源，更要加强当代人文建设的共同推进，统一规划文化遗产保护、公共文化服务、文化体制改革等方面的制度，还要协调发展文化创意产业，推动形成优势互补的产业机制。"厦漳泉"三地人文资源的整合对于三地同城化建设具有不容忽视的推动作用，也有益于地方社会的和谐发展。同时，这也能提升厦门城市软实力、拓展其发展空间、增加其GDP增长中的人文含量。

在"厦漳泉"三地人文资源的整合中，闽南文化生态保护实验区建设是一个重要的平台，它可以广泛地撬动地方性历史文化资源，在更大范围内促进地方区域社会认同的培育。作为中国第一个国家级文化生态保护区，2007年由文化部正式批准设立的闽南文化生态保护实验区，恰好也覆盖了厦门、漳州、泉州三地——闽南文化的发祥地和保存地。在闽南文化生态保护实验区的框架下，闽南文化可以从整体上受到活态保护，有益于地方社会的融合与建设。

"厦漳泉"区域社会整合中所凝聚的人文资源成为厦门及其周边城市与"海丝"沿线国家开展人文交流与合作的重要基础，它既可提高厦门全方位面向"海丝"沿线国家开放的人文动力，又可提高对这些国家的人文吸引力，厚实厦门借助人文交流实现同各国之间"民心相通、凝聚共识"这一目标的综合实力。

二　厦门面向"海丝"沿线国家开展人文交流的资源支点

在"一带一路"框架下全方位面向"海丝"沿线国家开放，福建占据重要位置，厦门更具战略性、枢纽性地位，拥有较为密集的人文优势，比如华侨华人与祖国的亲情纽带、同"海丝"沿线国家交往的历史遗产，以及为人文交流提供动力的地方性人文传统、社会建设的整体实力、经济发展的基础设施、对外开放与经贸联系的总体格局等。

综合来看，厦门面向"海丝"沿线国家全方位开放的诸多人文资源蕴含着三种支点性资源——闽南文化、南洋文化和海洋文化，这三种文化资源彼此交融，且深刻地渗透进我国东南沿海地区与东南亚国家，是双方开展人文交流的支点性资源，有助于为推进区域社会的协调发展提供人文动力，提升对外人文交流的整体实力。

闽南文化是凝聚厦门周边区域社会的人文核心，并且能够广泛地辐射到台湾地区；海洋文化是我国东南沿海地区、"海丝"沿线国家人文风貌的共同特质；在中国语境下，南洋文化则融合了东南亚国家的多元文化与广泛分布的华侨华人文化，是中国与东南亚国家人文交流的重要纽带。

1. 闽南文化

将闽南文化融入"海丝"路上的人文交流，并以此为纽带联系广泛分布在沿线各国的华侨华人，是厦门参与"海丝"建设的重要凭借。

闽南是福建南部泉州、漳州和厦门的总称。闽南文化以闽南方言为载体，存活于闽南方言通行的社会之中，其内涵不断丰富。就地域范围而言，它发源于"厦漳泉"地区，逐步向我国东南沿海一带和台湾、海南地区扩展，并且随着闽南人的足迹，辐射到东南亚各国。从闽南文化的历史渊源来看，古代大规模入闽的中原汉人带去的黄土文化与闽越人"善舟船"的海洋文化相结合，形成了闽南文化的基础。自宋代以来，闽南文化频繁地对外交流，又使之持续接纳异质文化，不断获得更新和发展。由此，闽南文化及其所处社会始终保持着开放、兼容的心态。有人将闽南文化的基本特征概括为重乡崇祖的生活哲学、爱拼敢赢的精神气质、重义求利的价值观念和山海交融的行为模式。闽南文化既具有中华传统文化的典型特征，又包含着崇儒拜祖、家族经济、乡土情怀、习俗传承、自强不息等传统文化的重要元素，还具有延展性、进取性和开放性。

在"一带一路"建设的背景下，充分借重于发展闽南文化，既是闽南社会发展的重要内容，又是广泛联系海峡两岸闽南人共同建设美好家园、促进祖国和平统一的需要，是海峡两岸和谐发展的重要内容，更重要的是，以闽南文化为核心和主要支点，进行人文建设，可以更广泛、更深入地利用我国东南沿海一带的人文资源，为区域社会的发展提供持久的人文动力。

厦门在面向"海丝"沿线国家全方位开放的过程中，必须要注意同周边区域统筹协调，整合"厦漳泉"共有的闽南文化资源，强调区域整合，以避免无序竞争和过度开发。同时，还要注意同国家批准建设的"闽南文化生态保护实验区"的发展密切配合。作为早在2007年批准成立的首个国家级文化生态保护区，"闽南文化生态保护实验区"以"厦漳泉"为核心地域，是该区域社会整合的有力推手。在这样一种统筹协调的格局中，厦门既可以发挥自己的优势，又可以更好地融入福建"一带一路"建设的总体规划，成为福建乃至全国的中心枢纽城市。

在"一带一路"框架下，以闽南文化为纽带，开展对外人文交流，应首先整合"厦漳泉"区域的资源，进而辐射到台湾地区，乃至整个东南沿海地区的闽南文化圈，全力夯实面向"海丝"沿线国家开展人文交流的实力。闽南文化是海峡两岸民众世代相传的共同财富，而古老的"海丝"也留下了深深的闽南文化印记，海峡两岸在共推"海丝"人文交流中大有可为。

整合闽南文化资源，应当要突出民间信仰和"五南文化"品牌（南音、南戏、南少林、南建筑与南派工艺）的积极作用，并重视培养青年人对闽南文化的热爱，借以培育区域社会的共同体意识，为文化的代代流传奠定基础。同时，已经举办多年的"世界闽南文化节"是一个借重闽南文化整合区域性人文资源的重要推手。

借重于闽南文化加强"海丝"建设，有必要深入挖掘闽南文化的人文资源，推动其发展，并在此框架下加强研究工作。成立于2013年8月21日，以"弘扬闽南文化、推动文化艺术交流、促进社会和谐"为宗旨的福建省闽南文化发展基金会，在此方面亦有重要的作用。可在此框架下推动政府机构、学术团体与民间社会之间的协作，创新文化传承与交流互动的模式，深入闽南文化传统与当代发展的研究、建设闽南文化基地、拍摄纪录片、举办文化节等，推动"根"系列文化项目，建造闽南人的精神家园与灵魂寓所。

2. 南洋文化

"南洋"作为中国人以及华侨华人在特定的历史阶段对东南亚地区的称呼，第二次世界大战以后已经逐渐被通行的"东南亚"所取代。作为对东南亚各国文化称谓的"南洋文化"不但是多元的，而且在中国语境下提及南洋文化，更具有特殊的含义——它会自然地令人联想到东南亚地区的华侨华人文化，而且指向于华侨华人与东南亚各国当地社会的互动。

华侨华人文化具有国内和国外两个源头，跨文化、跨地域的特点明显。在东南亚各国，闽籍华侨华人众多，他们是中华文化——

尤其是闽南文化在东南亚地区的延展，在异域发展的过程中表现了中华性与当地性的双重特性。由此，在中国语境下，南洋文化天然地孕育着中国与东南亚国家之间的人文关联，为"一带一路"背景下中国同"海丝"沿线国家的人文交流奠定了基础，其中华侨华人文化与东南亚各国社会的融合成为重要的纽带。

而且，当代南洋文化的多元性不仅仅源于东南亚本土社会与文化的多元，更包含着近代以来逐步渗入的西方文化元素，这又为以南洋文化为支点，延伸"海丝"路上的人文交流，联通西亚、非洲，直至欧洲，提供了人文环境。

近几年来，厦门连续举办的"南洋文化节"涉及与东南亚各国在文化、教育、旅游、贸易等方面的交流与合作，成为厦门联系东南亚各国的一个桥梁。随着"南洋文化节"所涉内容与领域的不断丰富、规模与影响力的不断提升，它越来越成为扩大厦门（并带动周边地区）与东南亚国家交流的一个重要平台，同时以文化交流、高端智囊互动等为抓手，带动了经贸、旅游等方面的合作，也带动了华侨华人与东南亚国家来华投资的拓展。厦门应当在"一带一路"建设中将自身打造成为我国东南沿海的南洋文化交流中心，以整合区域优势，为全方位向"海丝"沿线国家开放培育人文环境。

3. 海洋文化

在东南亚11个国家中，老挝是唯一的内陆国，其余均为海洋国家，具有重要的海洋资源，海洋文化历史悠久、成熟发达。其中，越南、老挝、柬埔寨、泰国、缅甸五国是半岛国家，马来西亚、新加坡、印度尼西亚、文莱、菲律宾五国是海岛国家。

海洋文化是"海丝"沿线国家的共同特点，亦是厦门参与"海丝"建设的一种战略性人文资源，具有开放性、联通性、区域性等特点。与此同时,"海丝"亦是古老的海洋文化密不可分的一部分,与其所在区域的海洋环境、资源特点及经济发展水平密切有关,东南亚各国的海洋文化不仅孕育着独特的观念意识、生产形态、社会制度、商业氛围等,还因其独特的地理环境等而在天文、气象等方面积淀了自己特有的知识体系。

闽南文化所蕴含的海洋文化元素应当特别受到重视,这是密切与"海丝"沿线国家各领域合作——尤其是人文交流与往来的重要基础。厦门及其周边区域,乃至整个福建、东南沿海一带,具有深刻的海洋文化基因,在人文传承方面亦与"海丝"路上的东南亚国家关系密切。厦门所具有的海洋文化优势,有助于她在"海丝"建设中发挥引领、示范作用,也能够助推福建打造"海丝"建设核心区的目标。

厦门乃至福建、东南沿海地区经略海洋的历史及其人文积淀,是中国建设"海丝"的本土文化资源,同时在"中国-东盟海洋合作中心"建设的基础上,厦门有优势成为同"海丝"沿线国家交往中海洋人文交流的枢纽城市,起到引领示范作用,促进海洋经济与海洋文化的共生共荣。

三 人文交流的总体思路

厦门在参与国家"一带一路"建设的背景下全方位对外开放,应当充分融入福建省"陆上福建""海上福建""海外福建"等"三个福建"的对外开放路线中,让厦门为福建在"21世纪海上丝绸之路"建设中发挥"基地"和"桥头堡"的作用,贡献积极力量。

在"一带一路"框架下,福建省提出要"打造新的海上丝绸之路",并在人文交流领域内定位于将自身打造成为中国-东盟人文社会深度融合的重要基地。厦门应当在此背景下，发挥自身优势，起到先行先试作用，成为"海丝"建设的重要基地，并将自身的角色与功能定位为"一带一路"互联互通建设的重要枢纽、"海丝"经贸合作的前沿平台和人文交流的重要纽带，为福建乃至全国的"一带一路"建设积累经验，起到示范带头作用。

在面向"海丝"沿线国家开展人文交流的战略策划中，还要注意施行"多主体参与、多层次治理"的策略。也就是说，厦门既要联合漳州、泉州等地参与，整合资源，还要积极发挥政府的引导作用，并引领各行业、各领域在合作中重视人文建设，更要积极动员社会力量参与（见图5-2）。

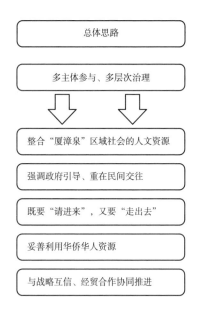

图5-2 "一带一路"背景下对外人文交流的总体思路

1. 整合"厦漳泉"区域社会的人文资源

厦门在"一带一路"建设中面向"海丝"沿线国家全方位开

放，开展人文交流，意味着两个方面的整合：一是整合周边区域资源，尤其是"厦漳泉"三地的人文资源，二是整合"海丝"沿线国家的资源，尤其以"海丝"9 国的人文资源为主。

就"厦漳泉"区域社会的人文资源整合而言，闽南文化是一个重要的文化基础。而且，厦门在此区域整合中可发挥重要的带头作用。可在"厦漳泉"区域社会整合中建立"厦漳泉人文交流联席会议"，作为议事机构，"对内"在区域社会内部指导整合诸多人文资源，促进合作；"对外"发挥资源整合的优势，指导面向"海丝"沿线国家全面开展人文交流活动，动员力量。同时，整合"厦漳泉"财政资源，并广泛动员社会资源，深化与闽南文化发展基金会的合作，为整合"厦漳泉"区域社会发展中的人文资源提供全方位支持。

厦门在"海丝"建设中整合周边区域资源、推动与"海丝"沿线国家开展人文交流方面，具有鲜明的区位优势和华侨华人资源优势。包括厦门籍华侨华人在内的闽籍华侨华人在"海丝"沿线国家人数多、分布广、影响大。现聚居于东南亚诸国的 2000 多万华侨华人中，祖籍福建的就有 1000 多万人。东南亚华商具有人缘优势、语言文化优势，在推动与"海丝"沿线国家进行交流、营造良好的合作环境、开展经济合作中，可以发挥重要作用。

祖籍厦门的海外华侨华人现有 46.8 万人，分布在 73 个国家和地区。同时，厦门还有归侨、侨眷 25 万人，港澳同胞眷属 4 万人。在"海丝"沿线的华侨华人对其故乡的认同中，福建是一个重要的符号，对应着"厦漳泉"区域社会的闽南文化则是一个指向性更明确的符号，远远大于厦门、漳州、泉州任何一个城市所单独拥有的象征性力量。因此，华侨华人的认同纽带是"厦漳泉"区域社会整合的一个重要推动力量，也是这一区域社会全方位面向"海丝"沿线各国开放的一种导向性力量。

2. 强调政府引导、重在民间交往

近些年来，中国同欧盟及其成员国之间的人文交流，既有官方的规划引导，又有民间的积极响应。就官方规划而言，以"中法文化年"（2003～2005）为标志开启的中国与欧洲国家互办文化年活动，以及中欧文化高峰论坛、中欧青年交流年、中欧文化对话年、中欧高级别人文交流机制等在机制建设层面上带动了中欧人文交流的繁荣；而在民间层面上，中欧双方众多的文化艺术团体与机构、文化企业、各类学校、社会组织、民众个体等更是谋划并实施了内容丰富、形式多样的人文交流活动。随着从"民"到"民"的交流不断深入，中欧合作的民意基础逐步夯实。

借鉴中欧人文合作的经验，"一带一路"建设中人文交流的实施应当突出"强调政府引导、重在民间交往"的思路。政府的角色地位是"谋划机制、革新政策、搭建平台"，鼓励诸多文化机构、各级学校、公司企业、社团组织、民众个体等同"一带一路"相关国家和地区开展人文交流活动。

在"海丝"建设中，厦门对外人文交流的实施，可考虑由市政府牵头设立"海丝"沿线国家人文交流基金，通过遴选机制，资助优秀的"走出去"和"请进来"的人文交流项目。应该特别重视"海丝"沿线国家的闽籍华侨华人与祖国之间的情感纽带，借助于闽南文化认同，充分发挥闽南文化特色和优势开展对外文化艺术交流与合作，倚重华侨华人与各国社会建立广泛的人文联系，凝聚共识。同时，还可考虑设立"华侨华人人文交流基金"，用以资助"海丝"沿线国家华侨华人与"厦漳泉"地区的人文交流活动。

3. 既要"请进来",又要"走出去"

人文交流既要"请进来",又要"走出去"。所谓"请进来",是指要创造条件欢迎"海丝"沿线各国、各民族来华开展人文交流活动,尤其要邀请他们参加在厦门举办的面向"海丝"沿线国家的各类人文交流项目,比如南洋文化节、中国(厦门)国际友城论坛等,各国人文交流代表团的到来,既是向中国介绍其人文情况的一种生动途径,更是切身体会和感悟中国人文精神、文化习俗的一种实践机会,这种双向交流对于深化人文交流与合作而言是必不可少的。

所谓"走出去",是指既要主动参与"海丝"沿线国家的各类人文活动,带去有厦门特色的中国文化艺术形式,让各国民众有机会了解中国的文化传统,同时借以促进与各国之间的人员往来,培养友好交往的情感氛围,又要与"海丝"沿线各国官方与民间机构合作,参与当地的文化活动,甚至要以合作的形式,在"海丝"各国举办以"海丝"或海洋文化为主题的人文活动,借以培养"海丝"社会的共同意识,凝聚共识,为其他领域内进一步的合作奠定人文基础。

在人文交流"请进来"与"走出去"的过程中,要注意与"海丝"沿线各国社团组织与行业协会之间的沟通与交流。借助于各国社团组织、行业协会的影响力,推动中国经贸投资在各国地方社会落地,并实现本土化建设。通过与社团组织、行业协会的交流与合作,可以更好地了解各国地方社会对于中国在当地落户的经贸项目的认知与期待,并在此基础上,进行舆论公关,还可据此进行积极的策略调整,使之更好地融入各地方社会,让中国品牌得到

"海丝"沿线各国更多的认可。

4. 妥善利用华侨华人资源

闽籍华侨华人在"海丝"沿线国家的存在,是厦门与各国开展人文交流与合作所拥有的独特优势,更是推动双方开展经贸、投资等合作的重要推动力量。但是,如何利用好这一资源优势是非常关键的。一方面,厦门需要重视"海丝"沿线国家的华侨华人资源为厦门与各国开展人文交流、经贸与投资合作,以及增进与各国及其地方社会之间友好往来,所能表现出的积极力量;另一方面,也应当注意到过分强调华侨华人资源在与"海丝"沿线国家交往中所潜伏的负面影响,比如,过于强调华侨华人与祖国的情感纽带,存在引发他们所在国地方社会对其身份认同的认知出现负面评价的风险,甚至会导致"排华""反华"的情绪,这样的人文氛围既不利于华侨华人在当地的生活,又会阻碍厦门与各国本土社会的交往。

由此,在"海丝"建设中,利用华侨华人资源是需要把握好"度"的,其关键是在政治认同上不能逾越华侨华人对各国及其所在地方社会的认同,不能期待华侨华人(尤其是新一代)会在情感上无条件地支持与厦门、与中国相关的经贸、投资与人文往来等,在情感纽带的维系中,既要强调好亲情关系,又要尊重他们在身份认同方面所拥有的不同诉求,更要通过他们,让华侨华人集中聚居的"海丝"沿线各国及其地方社会意识到与中国开展全方位的交流与合作所能带来的双赢局面,培养与中国友好往来的人文环境。

在利用华侨华人这一优势资源培养人文环境方面,不仅福建具有优势,厦门更是以其经济、社会发展的诸多成就,及其在东南亚各国的影响，而成为重要的战略支点。

5. 与战略互信、经贸合作协同推进

《十三五规划建议》指出，"一带一路"建设中的人文交流要与战略互信、经贸合作协同推进，努力形成深度融合的互利合作格局。这就意味着，人文交流需要同政治、经济等领域的合作相配合，才能将其基础性作用具体化；而且，人文交流也并不仅仅是文化部门或机构的事情，任何领域的交流与合作均具有人文层面的属性与具体事务，注重发挥其积极作用，很有必要。

人文交流要有战略高度，但并不能孤立于其他领域的合作，应与之形成深度整合的合作格局才好；不过，人文交流亦不能"沦为"其他领域尤其是经贸合作的附庸，只有保证人文交流的主体性，才能真正地实现营造民心环境的目的。

同时，厦门可将对台人文交流与合作的成果推向"海丝"沿线国家，共同展示中华文化的魅力。与此同时，面向"海丝"沿线国家的人文建设，可在适宜调整的基础上，适用于对台人文交流，借以进一步扩大闽南文化、南洋文化与海洋文化在密切两岸关系与全方位面向"海丝"开放中的凝聚力与影响力。

第四节　积极融入国家"一带一路"建设的实施路径

一　人文交流的重点领域

中欧之间的人文交流涉及范畴非常广泛，双方尤其突出教育、文化、艺术、青年、媒体等重点领域相关活动项目的开展，有针对性地加深双方合作的人文基础。

鉴于人文交流的基础性地位与"民心相通、凝聚共识"的战略目标,"一带一路"上的人文交流应当是广义层面的人文,而不能仅仅拘泥于文化艺术层面。而且,人文交流也并不完全是纯粹文化艺术范畴内的事情,任何领域的交流与合作(比如产业合作)均须激发其人文层面的积极作用。

具体到厦门面向"海丝"沿线国家的人文交流建设,可以尝试将以下七个方面规划为重点领域(见图5-3)。

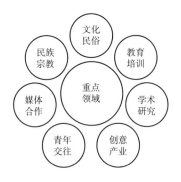

图5-3 "一带一路"背景下厦门对外人文交流的重点领域

1. 民族宗教

以民族与宗教知识为重点,重点依托闽南佛学院等宗教教育机构,以及各宗教团体,在政府主导下,增进民族互信,倡导宗教宽容,营造"海丝"沿线区域社会的共同意识。但是,在人文交流与经贸合作协作推进的框架下,民族宗教资源的商业化操作与开发应当要谨慎。要总结厦门作为世界上最大的佛事用品市场的经营经验,合理、有序、有度地开发宗教资源;旅游产业与民族宗教文化资源的互动,要注意尊重各民族、宗教群体与地方社会的传统,避免造成情感伤害。

2. 文化民俗

在政府合作、市场推动与民间交往的框架下，以日常生活中的民俗文化为重点，突出生活艺术的交流，以民俗生活交流凝铸人文联系的纽带，增强共识。闽南文化、南洋文化与海洋文化范畴内的民俗与人文传统密切交织，是凝聚人文精神的重要凭借。

3. 教育培训

以基础教育、中等教育和高等教育为交流合作的重点，开展学生与教师交流项目，并进行诸多领域内专业人才的培训交流，尤其以"海丝"沿线国家各行业青年人才为主要的培训对象。教育培训的重点领域应当紧密配合我国与"海丝"沿线国家合作项目的开展，争取将厦门建设成为面向"海丝"沿线国家开展国际教育与对外培训的支点城市。

4. 学术研究

共同开展诸多领域的学术研究，就人文研究而言，应着重于南洋历史研究、华侨华人史研究、民族与宗教问题研究、公共民俗研究等，为"海丝"沿线各民族的交流互通提供知识借鉴。同时，还要围绕海洋科学、环境保护、防灾减灾、热带农业科学、产业经济等方面开展与东盟国家的研究与合作，积极构建合作平台，密切科技人员的往来合作，培育知识共同体的意识。

5. 创意产业

重视文化创意产业的交流与合作，以各国丰富的人文资源为基础，共同营造"海丝"沿线各民族之间的文化纽带，通过共同创造，凝聚共识。文化创意产业的发展应当注意突出"海丝"沿线国家与社会的当代发展，展现人文精神，并且强调"海丝"建设所凝聚的区域社会共同体意识的培育。

6. 青年交往

以文化艺术、科技创新、教育培训、体育活动等为依托，加强青年交流，着眼于"海丝"沿线国家与各民族的未来发展，培养有才能、有共识的新一代人。青年交往应当形成固定的机制，并打造适宜的形式载体，广泛动员各国青年参与。

7. 媒体合作

广泛开展与"海丝"沿线国家主流媒体之间的合作，动员各类媒体广泛参与，共同策划系列报道、建设媒体栏目，加强各国之间的信息沟通与舆论引导，为"海丝"建设营造环境。

综合来看，面向"海丝"沿线国家开展人文交流，上述七大重点领域均不可偏废，但也并不意味着必须平均用力，有些领域可根据现实要求，在特定时间段内、不同范畴内重点推进，而且对于上述领域内新开拓的人文交流内容，可采用先进行试点，然后逐步推进的路径开展，以便积累实践经验，及时调整思路与策略。

二　人文交流的项目规划

中欧之间人文交流活动的开展，重点不是文化活动本身，而是其背后的意义生成。而且，一些重点项目是周期性持续开展的，举办场地也在中欧之间交替。"一带一路"建设中人文交流内容的规划切不可流于形式，只看重活动本身，而忽视其背后的意义建构，亦不能因为某些人文交流内容的展演性弱，而将之放弃。人文交流项目应当成为"润物细无声"地筑造基础性合作环境的重要推手。

人文交流项目的规划应当突出整合性、公共性、灵活性、持续性的原则，有长远的规划，在时间上周期性地组织开展活动项目，在地点上也要考虑举办场地的多样性，能照顾到"一带一路"所涉及的各民族、国家或地区的人文需求，还可适时进行调整，实时整合人文资源。

着眼于中国与"海丝"沿线国家的人文交流建设，基于厦门既有的建设思路与活动规划，以及上述战略目标、总体思路与重点领域的诸多考量，可以优先考虑鼓励和扶持开展好以下几个项目（见图 5 – 4）。

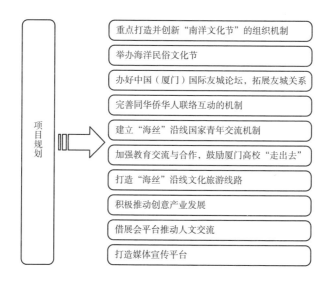

图 5 – 4　"一带一路"背景下厦门对外人文交流的项目规划

1. 重点打造并创新"南洋文化节"的组织机制

以厦门早已开始举办的"南洋文化节"为主要平台，融会贯通"南洋""侨乡""闽南"等象征性符号，将闽南文化、南洋文化、华侨华人、文化创意与经贸合作、文艺展演、饮食文化、文化旅游等要素整合进来，在全力强化与"海丝"沿线国家交流合作的人文基础的同时，推进其他领域的合作。

南洋文化节应继续注重将人文交流与贸易往来相结合，围绕人文交流，进行相关产业、贸易方面的合作，比如艺术品贸易、食品贸易、家居贸易、服装贸易等，并以贸易带动投资、来华旅游、综合会展等领域的发展。

在南洋文化节的框架下，推动"海丝"沿线国家文化艺术的交流与合作。以闽南大剧院为平台，推动建立"海上丝绸之路国际剧院联盟"，打造文化艺术交流的信息平台和定期磋商机制，实现组织内部剧场、舞台技术、剧目、人才、管理、艺术培训等资源的信息共享，树立品牌形象。

继续办好"南洋论坛"和"嘉庚论坛"，明确定位，前者可以探讨"海丝"沿线国家的共同发展为主要目标，后者可以巩固华侨华人与祖国之间的亲情纽带和吸引他们回国投资为主要目标。尤其要进一步扩大"嘉庚论坛"的海内外影响，建立推进该论坛持续发展的机制，通过弘扬嘉庚精神凝聚华侨华人对中国的情感归属，以及对当代中国社会发展的多方面支持。

可在南洋文化节的框架下，申办文化领域的全球性会议，提升人文交流的话语权，将之办成为对接东盟、辐射"海丝"沿线国家的人文交流与多领域合作的平台，并借以将厦门打造成中国同"海丝"沿线国家人文交流的"枢纽城市"。

南洋文化节每年举办一次，以厦门作为永久性举办地，但每年都要选择一个"海丝"沿线国家作为主题展示国。固定举办时间和主办场地，每年再根据主题需要更换几个补充性场所，以扩大活动的辐射范围。南洋文化节应当成为厦门在"海丝"建设中对外人文交流的品牌项目，借以突出中国同"海丝"沿线国家进行交流合作的引领角色。

2. 举办海洋民俗文化节

举办海洋民俗文化节的目的主要是加强各国、各民族之间日常生活层面的文化交流，重在呈现当下各国、各地区居民对其文化传统的传承，展现其日常生活中的文化风俗、人文智慧、宗教文化等，以期增进各国民众之间的相互理解，强化区域意识，凝聚共识。

　　该文化节的内容主要是介绍"海丝"沿线各国、各地区、各民族优秀的传统文化，突出海洋人文。可邀请各民族优秀的民间艺术家、手工艺人、民俗文化学者等参与，在海洋民俗文化节上展示他们文化中的知识、风俗、技术等，体现这些文化在当代的创造性活力。

　　饮食文化向来是各民族人文交流的一个重要载体，可以在海洋民俗文化节的框架下，联合媒体合作机制，组织开展"舌尖上的'海丝'"活动，既可联合组织开展饮食博览会，又可拍摄以饮食文化为题材的纪录片，广泛动员"海丝"沿线各国、各民族人民参与"海丝"建设的兴趣与积极性。

　　着眼于"海丝"民俗文化的交流，还可尝试推动建立"海丝"沿线国家"社区伙伴"，深入民间社会，推动从"民"到"民"的交往与互动。

　　策划开展"海上丝绸之路的故事"系列主题活动，围绕"海上丝绸之路"的历史发展，充分挖掘中国与"海丝"沿线各国往来的故事，并通过图书、电影、戏剧等艺术形式表现出来。目前，正由闽南神韵产业文化集团组织打造的舞台室内剧《"丝路"印记》呼应并阐释了这一系列主题活动的内在含义，可将之作为重点项目进行扶持，并由此带动更多文化项目的实施。

　　要在海洋民俗文化节的框架下，依托闽南文化资源，将其核心的人文精神融入进南音、南戏等艺术形式中，重点打造一台闽南文化大戏，使之成为厦门对外开放的"人文名片"，代表"厦门印象";同时,可尝试倡导在"海丝"沿线各国设立"海丝"文化中心,统筹主题策划,共同展示"海丝"沿线的人文传统与当代发展,增强共同体意识与凝聚力。

同开展和落实海洋民俗文化节相托,推动中国 – 东盟海洋合作中心的建设,进一步整合涉海科技、产业、信息资源。与此同时,亦可在此项目框架下,配合福建省重点组织举办"厦门国际海洋周",邀请"海丝"沿线各国海洋管理部门高层和海洋科技界、产业界知名人士参加,就海洋科技、海洋经济等相关领域进行交流研讨,开展涉海企业合作商洽、商品展示,以及海洋文化交流等活动。

要推动"海丝"沿线国家博物馆互动,打造各民族民俗文化、海洋文化、地方文化等互动交流的平台;还可进行海洋民俗文化研究、文物保护等方面的合作与交流。同时,要积极开展人文领域内专业人才的培养与交流工作,为人文交流的可持续发展与品质提升奠定基础。

海洋民俗文化节应每年举办一次,每两年为一个周期,采取"1 + N"的组织机制,一年在中国举办,一年在其他"海丝"沿线国家轮流举办,施行轮值主席制度。

3. 办好中国(厦门)国际友城论坛,拓展友城关系

在"中国(厦门)国际友城论坛"的框架下,加强与"海丝"沿线国家重要城市的交流,并在目前已经确立的"海丝"沿线 3 个友城(菲律宾宿务省宿务市、马来西亚槟榔屿州槟岛市、印度尼西亚泗水市)关系的基础上,进一步拓展友城关系。

经过十年成长,"中国(厦门)国际友好城市市长论坛"于 2014 年正式更名为"中国(厦门)国际友城论坛"。该论坛已经展现了巨大的影响力，至今已吸引了近 50 个国家的百余名省（州）、市政府要员，专家学者和知名企业家参会，已成为国际友城间加强合作、共谋发展的固化平台，各领域资源共享、跨界对话的平台，以及权威信息发布的国际平台。

为推动"海丝"沿线国际友城关系的建设，可在国际友城论坛的框架下，组织开展举办"海上丝绸之路电影节"，鼓励拍摄以全面反映"海丝"沿线各国历史、社会、文化等为主题的电影，借以拓展国际友城关系的影响力与凝聚力。

同时，可试点推动建立"海丝"沿线国家资质互认机制，比如学历互认、专业资质（旅游、饮食、服务）认证等，借以加强人才流动与深入合作。

4. 完善同华侨华人联络互动的机制

华侨华人是"海丝"建设中战略性的人文资源，必须要以切实的活动项目来密切与他们的联系，比如定期举办华侨华人省亲活动，帮助他们寻找亲人、参谒祖庙，为他们回乡省亲提供周到、细致的机制性服务。华侨华人省亲活动可在多个层面持续开展，比如定期邀请华侨华人回国省亲，尤其是组织年轻一代华侨华人到中国学习、交流，联络乡情和亲情，也要满足部分华侨华人在宗教情感上对中国的归属，以维系华侨华人对祖国的认同，突出闽南文化的积极作用，并以此带动华侨华人来华投资。另外，还要积极鼓励海外华侨华人参与中国同其所在国的公共外交。

可以考虑拓展"互联网＋"在侨务工作方面的功能，将侨务工作与吸引华侨华人回国创业、为其提供全方位服务相结合，提升侨务工作的实效；在各合作领域内，尝试与华侨华人共同建立研究机构，推动协同创新，并设立相应的教学机构，在产学研相结合的框架下，合作培养新一代专业技术与管理人才；在与海外华文媒体建立广泛的合作机制，增进双向信息沟通的同时，协作为"海丝"建设营造良好的舆论环境；借助华侨华人资源，拓展我方NGO组织在"海丝"沿线国家的实践活动，甚至可考虑在各国当地建立以我方为主的社团组织，为双方合作提供社会支持。

华侨华人是厦门与福建面向"海丝"沿线国家开放的重要资源，但是需要注意得当地利用这些资源，切不可过分强调和夸大华侨华人与祖国的亲情纽带，以免招致他们所在国家地方社会中的不满以及可能出现的"反华"情绪。也就是说，适当强调华侨华人的中国认同，但也要认识到，他们在政治层面上对各国社会的认同，以及各国社会对他们的认知期待，会影响中国以华侨华人为纽带与之开展的各类交流与合作，有时候在过于强调华侨华人与中国的情感纽带、过于突出华侨华人的中介作用的情况下，反而会撕裂各国民众同中国的正常交往。

5. 建立"海丝"沿线国家青年交流机制

着眼于"海丝"沿线国家青年人的未来发展，建立青年交流机制，通过论坛、交流、比赛、培训、合作等形式，加强他们之间的互动，塑造共识。

策划举办"海丝"沿线国家青年艺术家交流活动，尤其要开展面向青年人的培训活动，以此作为青年交流机制的重点依托项目，比如开展"海丝"沿线国家青年领导人培训、各行各业"未来领军人物"培训等，还可针对"海丝"沿线区域社会的建设，分领域开展专业人才培训，涵盖社会发展、国际贸易、国际关系与国际法等内容。

组织开展形式多样的体育交流活动，是推进青年交流机制化、常规化的一种重要方式。厦门可充分发挥作为港口风景城市、发展海滨生态文化的优势，尤其要借力于近年来厦门组织开展的以帆船运动为载体的对外体育交流活动，积极与"海丝"沿线各国开展富有特色的体育活动，定期举办体育赛事，借以丰富和带动青年交流机制的拓展。

"海丝"沿线国家青年交流活动每年都要定期举办，主办地点可经过协商在"海丝"沿线国家之间轮流，主题也要根据具体情况由各国协商设定。

6. 加强教育交流与合作，鼓励厦门高校"走出去"

以厦门优秀的教育资源为依托，加强与"海丝"沿线国家各级学校之间的交流，互派留学生；由厦门市政府设立奖学金，吸引优秀留学生来华学习。同时，可以在国际友城关系、青年交流机制的框架下，尝试动员"海丝"沿线各国的教育行政部门进行合作，推动共同编写基础教育阶段人文、历史、地理等科目涉及"海丝"内容的教材，为培养有共识的青年一代做准备。这也是第二次世界大战后，法国与德国共同编写历史教材及其积极的实践效果所带给我们的重要启示。

加强职业教育方面的交流与合作，着眼于厦门与"海丝"沿线各国的产业优势及其发展趋势，培养可以胜任跨国流动就业的新一代技术工人，同时也为双方的产业合作奠定基础，更加密切双方之间的人员往来。

重点支持厦门高校"走出去"，办好厦门大学马来西亚分校、华侨大学泰国分校，招收包括中国学生在内的各国青年学子，培养了解这些国家、善于并乐于同这些国家打交道的新一代中国青年，同时也以这两座分校为平台，吸引愿意学习中国文化、乐意全面了解中国、同中国打交道的"海丝"沿线国家的新一代青年人，为未来双方的交流与合作奠定人力基础。

7. 打造"海丝"沿线文化旅游线路

由厦门牵头，联合"海丝"沿线国家，并以鼓浪屿作为标志性历史风貌区域，共同打造"海丝"旅游线路，借以加强人员往来，联络华侨华人的感情，促进经济互动，并通过文化旅游增强彼此之间的了解。

旅游线路的开发应重点突出"海丝"沿线各国、各民族的自然与文化遗产、民风民俗和非物质文化遗产等资源。建立"海丝"沿线文化遗产联盟，创设文化遗产与非文物文化遗产保护、开发与人文教育方面的合作机制；还可在此框架下，着眼于"海丝"人文历史的保护，寻找合宜的文化事项，联合申报世界文化遗产或非物质文化遗产，实施"海丝"文化遗产标牌工程，借以扩大"海丝"沿线人文传统与精神的影响。

为积极调动"海丝"沿线各国参与人文交流的积极性，发挥人文交流的平台作用，可由厦门牵头，参照"欧洲文化之都"建设的经验，组织开展"'海丝'文化之都"评选活动，借以带动文化旅游与相关产业合作，促进当地以文化为中心的经济发展。

此外，可借"海丝"沿线文化旅游线路建设，促进厦门文博会展业的发展，并带动"海丝"沿线邮轮航线项目的开发，发展高端旅游产业，推动厦门建设成为融入"海丝"旅游的海上新起点。以"新海丝、新体验"为主题，吸引"海丝"沿线国家游客赴厦门旅游，并将厦门游客带入沿线其他国家和地区感受和体验"海丝"文化。

8. 积极推动创意产业发展

以文化创意作为资源整合的核心，积极推动厦门与"海丝"沿线国家创意产业的合作。重点推进厦门游戏创新中心建设，鼓励手机动漫游戏产业的发展，通过吸引动漫游戏创新企业、技术服务商、投资者和人才到厦门创业，提升厦门软件信息产业的发展，加速产业转型升级，并增加就业。在手机动漫游戏产业的发展中，可策划以"海上丝绸之路"为主题的开发项目，产出与"海丝"历史及其沿线各国、各民族文化风俗、人物故事、文化遗产等相关的游戏产品，为"海丝"沿线国家的人文交流提供互动平台。

同时，还要着力推进厦门国际艺术品交易中心建设，以及海西服饰文化创意产业园、厦门国际影视数码港等项目建设，为"海丝"沿线各民族在文化创意领域内开展最新成果交流与产业合作提供平台，还可借此共同开发第三方市场。

推动"海丝"沿线文化创意产业的交流与合作，可以考虑如下举措：一是紧紧围绕文化创意产业的发展，结合厦门自贸区建设，搭建文化产业交流交易与合作平台，扩大对外文化贸易；二是建设文化创意产业交流合作的园区载体，既要推进闽台文化产业试验园区建设，又要推动厦门文化保税项目建设，以艺术品保税区作为厦门自贸区文化保税区的切入点，开展文化展示交流、境外文化资产保税仓储、国际艺术品展示交易、租赁文化设备保税租赁、文化进出口代理等服务，扩大同"海丝"沿线国家的文化贸易往来；三是完善文化产业政策，营造良好的营商环境。

《十三五规划建议》明确指出，要创新对外传播、文化交流、文化贸易方式，推动中华文化"走出去"。在此背景下，文化创意产业的发展将会迎来新的发展机会，而且，厦门在面向"海丝"

沿线国家开展人文交流与文化贸易、加强文化创意产业合作方面，也将为我国同更大范围内国家和地区的人文交往提供借鉴。

9. 借展会平台推动人文交流

展会产业的发展为厦门赢得了推进同"海丝"沿线国家交流与合作的巨大空间。可利用既已搭建的厦门佛事展等人文色彩浓厚的展会，推动人文交流。在此框架下，策划"生活艺术展会"，全方位展示"海丝"沿线各民族的生活艺术与智慧，呈现其文化传统与文化创意，借以带动文化领域内的经贸往来。未来几年，厦门可在"海丝"建设框架下策划几场有规模、有影响的传统工艺品、生活用品与文化创意商品展销会。

10. 打造媒体宣传平台

谋求同"海丝"沿线各国的主流媒体合作，策划出版《"海丝"通讯》，系统介绍"海丝"沿线国家之间合作与交流的最新进展，讨论相关议题。同时，建立"'海丝'路上"网站，强化"海丝"沿线国家之间及时的信息互通。可以联合"海丝"沿线各国的主流媒体，就"海丝"沿线国家社会发展的共同话题开展广泛的跨国讨论，谋求联动发展的共同策略，充分发挥媒体在营造舆论、赢得民心方面的积极作用。与此同时，要借助于《鹭风报》的影响，加强与"海丝"沿线国家华侨华人的联系，增进他们对中国、福建与厦门发展的了解。

除上述总体性的项目规划外，厦门还应当依照"海丝"沿线国家的人文特点，以及与不同国家既已开启的诸多交流与合作传统，有针对性地延续与不同国家的特色活动。人文交流不能仅仅局限于文学、艺术等狭义的范畴，而应当围绕"民心相通、凝聚共识"的战略目标，着眼于人文精神的培养，在各民族人民社会生活的各个层面上开展活动,让不同民族在具体的活动中感受人文精神,凝聚共识。

第五节 总结

综合本报告的研究分析与主旨思想,厦门在"一带一路"建设中全方位面向"海丝"沿线国家开展人文交流的基本框架、战略规划与实施路径可归纳如下。

"民心相通"是"一带一路"建设的社会根基,有益于培育双、多边合作的民意基础,在此框架下的人文交流不能流于形式、走过场,而应注意凝练人文交流的精神内涵、建设合宜的推进载体,以人文的方式在观念、共识等方面为"一带一路"建设创立基础性的合作环境。在"一带一路"建设中,厦门应当将面向"海丝"沿线国家全方位开放作为重点,其人文交流的规划要注意配合国家战略与福建规划的实施,着力整合"厦漳泉"区域社会的人文资源,并加强与战略互信、经贸合作共同推进,以具体成果巩固其基础性作用。

就厦门面向"海丝"沿线国家开展人文交流的基本框架而言,应当明确其角色定位——必须要积极融入国家和福建省的战略规划,既要整合资源,以配合大格局规划的实施,又要谋求创新,突出自己的特色,借以打造"现代海上丝路新起点",带动福建省乃至全国的对外开放。为此,厦门应当明确面向"海丝"人文交流的两个着眼点:一是集中走向东南亚,并逐步辐射到南亚、西亚和非洲,直至欧洲;二是着力整合"厦漳泉"三地人文资源优势,借力于闽南文化,推进区域社会发展,提升对外交流的整体实力。

在上述框架下，厦门应当明确面向"海丝"人文交流所处的新形势，既要认识到发展机遇的拓展，梳理自己的人文资源优势，又要清楚"海丝"沿线国家的人文特质，尤其注意新形势下所面临的主要问题与挑战。

在厦门与"海丝"沿线国家人文交流的战略规划中，应当争取将厦门建设成为与"海丝"沿线国家开展人文交流的"中心枢纽"城市，明确两个层面的总体目标：一是对外谋求"民心相通、凝聚共识"；二是对内促进"厦漳泉"区域社会的整合。同时，尤其要注意利用好闽南文化、南洋文化和海洋文化等三种支点性人文资源。

在人文交流的总体安排中，既要整合区域社会的人文资源，建立合宜的推进机制，又要强调政府引导与鼓励民间交往，还要"请进来""走出去"，并妥善利用华侨华人资源，特别注重人文交流与战略互信、经贸合作协同推进。

就实施路径而言，人文交流可尝试规划七个重点领域——民族宗教、文化民俗、教育培训、学术研究、创意产业、青年交往与媒体合作。要做出具体的项目规划，突出整合性、公共性、灵活性、持续性，谋求实效。项目落实可以集中在以下十个方面：一是重点打造"南洋文化节"，并创新组织机制；二是举办海洋民俗文化节；三是办好中国（厦门）国际友城论坛，拓展友城关系；四是完善同华侨华人联络互动的机制；五是建立"海丝"沿线国家青年交流机制；六是加强教育交流与合作，鼓励厦门高校"走出去"；七是打造"海丝"沿线文化旅游线路；八是积极推动创意产业发展；九是借展会平台推动人文交流；十是打造媒体宣传平台。

　　上述思路的落实，需要整体规划、协调统筹，不能将人文交流孤立于"一带一路"建设的"五通"合作之外，亦不能认为人文交流仅是文化部门的事情，需要广泛动员政府、社会与市场的力量。与此同时，还要积极与"海丝"沿线国家的相关机构与部门进行沟通协调，倾听他们的声音，共同在实践中逐步完善总体规划，推进人文交流项目持久深入地开展。

第六章　深化对台合作——构建对台合作交流支点城市

张　起[*]

第一节　从两岸形势新变化展望厦台关系

一　两岸形势的新变化

厦门在对台工作和海峡西岸经济区建设过程中勇于先行先试，积极扮演推动两岸关系和平发展的前沿平台和战略支点的角色。诚然，当前海峡两岸在政治对话、经贸产业合作、文化交流及人员直接往来等方面依然存在不确定因素。因此，如何加深两岸多领域交流合作以及两岸同胞的心灵契合度，是进一步营造良好的两岸发展环境所必须直面的问题。

总体而言，2008 年以来的两岸关系已经走上和平发展道路的重大转折。正如中共中央台办、国务院台办主任张志军指出的，两岸双方巩固增进政治互信，海协会与台湾海基会重新恢复制度化协商并签署了 21 项协议，双方两岸事务主管部门建立常态化联系沟

* 张起，中国社会科学院美国研究所博士后。

通机制，两岸间全面直接双向"三通"得以实现，经济合作的制度化进程正式开启，各界大交流格局基本形成，在涉外领域的内耗大幅减少，给两岸民众尤其是台湾同胞带来了实实在在的好处。[①]广大台湾同胞更加清醒地认识到"台独"分裂的祸害，更加深刻地感悟到两岸关系的和平发展才是正道。

然而，自 2014 年台湾"九合一选举"以来，台海局势确实呈现一些新情况，暴露出一些新问题，引起两岸各界的广泛关注。尤其是 2016 年"台湾大选"后，民进党首次实现"全面执政"，势必影响到台湾政局走向，给两岸关系发展进程带来更多不确定性因素。例如，民进党的"全面执政"，会进一步压缩在野的国民党的政治势力空间，作为"影子政治权力"的台湾民间社团的势力结构也将随之发生变化，这势必会给大陆今后对台民间交往或统战工作带来新的挑战，不得不重新思考和调整统战策略，等等。而这些台湾民间社团势力所覆盖的成员主体以"三中一青"为主，即作为影响两岸关系走向的重要力量的"解严后世代"（占人口比例35% 以上的 80 后人群）、数量广泛的中低收入人群、中小企业以及中南部居民。而上述"台湾主流群体"恰恰在某种程度上被大陆过去一段时间以来的统战工作所轻视。

进而言之，我们反思十几年来的对台统战工作会发现两方面问题。一是由于我们过去的对台工作倾向"走上层路线"，倚重联络台湾精英阶层（包括有实力的台商，政界精英，有影响力的知识界、文化界人士等），在对其统战过程中不自觉地形成了某种程度

[①] 中共中央台湾工作办公室、国务院台湾事务办公室：《张志军主任在第十二届两岸关系研讨会上的讲话》，http://www.gwytb.gov.cn/wyly/201508/t20150806_ 10418375. htm。

的"利益绑定"。这导致了两岸关系发展——尤其是两岸经贸合作的红利被台湾少数精英阶层所垄断，未能充分顾及台湾本土的分配正义，在客观上"忽视"了台湾低收入人群和中小企业，最终造成两岸经贸关系发展与两岸群众实际生活之间的脱节。二是两岸同胞的"心灵契合程度"还不够，无法建立起充足的战略互信，双边交往的动力主要出于经济利益，两岸关系发展在某种程度上可谓"工具理性有余，同胞情感不足"。习近平总书记在2015年5月初会见国民党主席朱立伦时，就已经明确指出当前两岸关系已经处在了"新的重要节点上"。

对此，我们应进一步根据习近平总书记参加十二届全国人大四次会议上海代表团审议时所做的讲话（以下简称"讲话"），厘清对台工作思路、细致制定对台工作方案。习近平在讲话中就当前两岸关系发展发表了看法，他强调指出，大陆对台大政方针是明确的、一贯的，不会因台湾政局变化而改变。我们将坚持"九二共识"的政治基础，继续推进两岸关系和平发展。"九二共识"明确界定了两岸关系的性质，是确保两岸关系和平发展行稳致远的关键。承认"九二共识"的历史事实，认同其核心意涵，两岸双方就有了共同政治基础，就可以保持良性互动。大陆将持续推进两岸各领域交流合作，深化两岸经济社会融合发展，增进同胞亲情和福祉，拉近同胞心灵距离，增强对命运共同体的认知。大陆将坚决遏制任何形式的"台独"分裂行径，维护国家主权和领土完整，绝不让国家分裂的历史悲剧重演。①

---

① 《习近平参加上海团审议 谈及当前两岸关系》，http：//news.ifeng.com/a/20160305/47705953_0.shtml。

　　进而言之，即使民进党首次"全面执政"可能给两岸关系平稳发展带来"冲击"，可能出现影响两岸关系平稳推进的"不确定期"，我们今后对台工作的方向标也不应随之偏移。两岸关系积极健康发展的关键正在于坚持巩固"九二共识"、反对"台独"的共同政治基础；两岸应该不断增进政治互信，继续推动双方经济融合发展，尤其是加强两岸产业合作，携手应对外部挑战；继续深化两岸各领域——尤其是区域性的交流合作，促进两岸同胞心灵契合；继续扩大两岸青年、中小企业和基层民众之间的交流互动，为广大台湾同胞尤其是青年人分享大陆发展机遇提供更多的平台以及创造更好的条件。

　　我们今后的对台工作要一如既往地为增进两岸同胞福祉办好事、办实事，保持两岸关系和平发展势头，将和平发展成果更多惠及两岸同胞，台湾经济社会发展将获得更多机遇和更大空间。我们应把构成台湾社会基础力量的"三中一青"（中小企业、中低收入人群、中南部居民和青年群体），作为对台政策研究和统战工作的重点，即在坚持"九二共识"以及继续推进两岸关系和平发展的道路基础上，着力做好台湾"三中一青"的统战工作，坚定依靠和积极调动作为"推动两岸关系的真正历史创造者"的两岸人民群众的力量，为促进双方基层民众、中小企业、青年人的交往及融合，搭建产业、贸易、金融和文化交往上的平台，营造有助于"两岸同胞心灵契合"的良好环境氛围，将"两岸一家亲，共圆中国梦"的话语表述落实为切实有效的对台政策。尤其是我们今后对台工作的重要突破口，就是积极开展两岸青少年的直接交往工作，充分认识到青年群体在两岸关系和平发展进程中的关键作用。要为利于两岸青少年的往来、交流而多想办法，多创造条件，尤其是让台湾青少年感悟到两岸关系和平发展的历史主流,感悟到中华民族伟大复兴的必然趋势,促使他们能够共同开拓两岸关系的前景、共担实现中华民族伟大复兴的重任。

作为担负"构建对台合作交流支点城市"光荣使命的厦门,时逢两岸关系史上的风险与机遇并存期,应结合自身"十三五"规划建议的工作重点,将创新、协调、绿色、开放和共享五大发展理念贯穿到今后的对台工作中。厦门应在打造美丽中国典范城市和"十三五"规划建议的基础上,充分利用中央赋予其自由贸易试验区、"21世纪海上丝绸之路"战略支点城市等政策支持,将厦门的产业转型关键期、城市转型加速期、社会转型深化期,同构建对台合作交流支点城市的战略期有机统一起来,实现多维政策联动的"乘数效应",将对台工作水平提高到历史新境界。尤其是厦门对台工作应加强同"一带一路"倡议的战略融合,即从"海丝"的全局性蓝图出发,针对对台工作展开顶层设计,注重对台工作改革的系统性、整体性、协同性,同时也要继续先行先试,尤其要将其"支点"作用充分发挥出来,从而"撬动"两岸关系加速朝着和平发展、互利共荣、心灵契合的方向前进。

二 厦门在对台工作中的重要地位

作为海上丝绸之路发祥地之一的福建省,不仅在"21世纪海上丝绸之路"的建设中占据独特地位,而且在我们对台工作的历史上扮演着重要角色。位于福建省的厦门作为东南沿海重要港口,更是福建省对台开放的前沿平台以及推进两岸关系的重要支点。厦门特区建设30多年来,逐步确立其在两岸社会经济、文化、政治交流中的前沿平台的重要地位。

第一，从对台工作的地缘背景上看，厦门作为世界上最深的天然港口之一，自古就是海上丝绸之路的对外贸易交通的重要口岸。今天的厦门不但是全国第一批四个特区之一、计划单列市和福建自贸区的重要片区，而且在建设对台开放的前沿平台以及搭建21世纪海上丝绸之路经贸合作的前沿平台的过程中，扮演着双重重要角色。进而言之，厦门市可乘着国家推进"21世纪海上丝绸之路"重要枢纽建设的东风，充分利用自身的区位地缘优势，在连通海丝沿线国家的产业优势的同时，将海丝战略的地缘平台同其对台工作的前沿平台连接起来，从而实现对台工作平台的"最大化"。

第二，从对台工作的经济优势上看，厦门作为重要的对台贸易口岸和台商投资的密集区，在促进两岸经贸交流和厦台产业合作发展的进程中扮演了极其重要的角色。厦门通过推进形成包括福建自贸区的厦门片区，或者通过构建台商投资区、保税区、出口加工区和高新技术开发区等平台，逐步形成全方位、多层次的对台开放格局。此外，厦门在对台经济交往中能够充分利用"投洽会"、"台交会"、博览会、经贸洽谈会等平台，并且不断深入拓展台商协会等厦台联络通道，稳步创新对台经贸政策，优化投资环境，现实有效地促进了厦台经贸和产业合作的长足发展。这些都使厦门成为大陆对台工作重要的贸易和国际招商口岸，以及成为国际资本和台商资本的重要聚集地，是大陆对台经贸交流的不可或缺的桥梁和纽带。

第三，从对台工作的基础资源条件上看，厦门的旅游资源非常丰富，并拥有国际航运物流中心、两岸区域性金融服务中心和文化休闲旅游中心三大中心地位，是福建省大学和海洋科研院所最集中的城市，国际化水平和绿色生态化水平都很高，环境优美，是当代中国宜居城市的样板。因此，具有多重资源优势的"美丽厦门"是我们向台湾同胞展现大陆城市发展建设水平的最佳范例，是吸引台湾同胞（尤其是青年人）来大陆发展的重要窗口和门径。

第四，从服务对台工作的政治功能上看，厦门有效地配合了两岸重大事务性商谈，成为大陆处理涉台事务的重要前沿基地。厦门自成立特区以来，按照中央的指示和授权，在两岸相关政策协定的框架内，有效地配合了两岸重大事务商谈，妥善处理了诸如两岸遣返交接、寻找失踪台胞、台轮海上遇险、劳资纠纷、危重病人处置等大量涉台敏感问题。中央对台部门30年来多次在厦门与台湾进行官方或半官方接触，完成了包括签订著名的《金门协议》在内的多项重大涉台事务，可见厦门在缓和两岸关系、推动两岸关系稳步发展中扮演了非常积极的角色。

第五，从厦门特有的"五缘"文化的优势上看，其凭借和台湾同胞在血缘、地缘、文缘、法缘和商缘等天然文化上的链接，能够自然顺利地搭建出两岸经济、社会、文化的重要合作基础和沟通桥梁，在两岸关系和平发展过程中发挥着越来越关键的作用。进而言之，这种"五缘"文化以两岸华人——尤其是两岸闽南文化圈的社会结构和人际网络为基底，是厦门作为对台工作前沿平台、推动祖国统一的重要文化力量。

综上所述，厦门在地缘背景、资源条件、政治功能、经济优势及文化优势等五大特质上，均具有作为大陆对台工作前沿平台的不可替代的重要地位。厦门可以充分发挥"五缘"优势以及特区政策优势，借助当前"一带一路"倡议实施所带来的海丝沿线资源整合的历史机遇，以两岸经贸交流为基础，以两岸文化交往为纽带，进一步推动海峡两岸广大群众的民生福祉的发展。换句话讲，厦门可以充分利用自身在大陆对台工作中的重要位置，整合好上述五个优势条件，广泛借重其地缘、资源、经贸和文化交流等多元平台，进一步先行先试，着力做好台湾中低收入人群、中小企业、中南部民众和青年群体的交流、统战工作。

三 厦门对台工作的既往成绩

厦门特区经过 30 年来的发展壮大，逐渐确立了其在两岸社会经济、文化等全方位交流中的前沿平台的重要地位。它善于从对外开放的大局出发，推动特区经济体量快速成长，夯实了对台交流先行先试的物质基础，并且充分利用和发挥"五缘"优势和特区的政策优势，为确立厦门特区作为推动两岸关系的支点和大陆对台工作先行先试的前沿平台的地位提供了特有的依托。厦门通过不断创新性整合全方位资源，联合多渠道力量开展对台工作，保证了厦台交流在特区成立至今的 30 年间取得了诸多卓越成果。

尤其从厦门"十二五"期间对台工作的进展和效果来看，该市全面贯彻落实了党的十八大和十八届历次全会精神，深入学习贯彻习近平总书记来闽考察和李克强总理来厦考察重要讲话精神，牢牢把握两岸关系和平发展主题，紧紧抓住两岸关系发生重大积极变化的历史机遇，以深化两岸交流合作综合配套改革试验、推进美丽厦门建设、建设自贸试验区为契机，坚持"两个服务"（服务两岸关系和平发展和祖国和平统一大业，服务加快科学发展跨越发展和提前实现全面建成小康社会目标），着重"三个致力"，① 加快建设

---

① 致力实施美丽厦门战略规划同胞融合行动计划，助推全面加快科学跨越发展；致力推进落实《综改方案》，助推全面深化两岸交流合作领域改革；致力完成对台对口交流工作任务，助推全面服务两岸关系和平发展大局。

"四最"① 的两岸交流合作先行区，对台交流合作不断取得新突破、打开新局面、实现新跨越，为推进厦门特区科学发展、跨越发展、海峡西岸经济区建设和两岸关系和平发展做出了积极贡献。

这些成就和贡献可从厦门市建设两岸经贸合作紧密区域、两岸直接往来综合枢纽、两岸交流交往重要基地、两岸同胞融合示范区等 4 个方面进行回顾和总结。

1. 建设两岸经贸合作紧密区域

厦门充分发挥两岸交流合作前沿平台作用，大力提升三个国家级对台产业合作平台的建设，快速推进福建自贸试验区厦门片区的建设，两岸经贸合作成果丰硕。

第一，扎实推进对台经贸工作。首先，厦门市积极引进优质台资。截至 2015 年 6 月，厦门共批准台湾投资累计 4405 项，合同利用台资累计 122 亿美元，实际利用台资累计 91 亿美元。全球集成电路巨头台湾联华电子股份有限公司与厦门市政府及福建省电子信息集团签订参股协议书，参股总投资 62 亿美元的厦门 12 英寸晶圆厂——联芯集成电路制造项目建设，是迄今为止落户省内科技含量最高、投资额最大的高科技项目。其次，积极推动有实力的企业到台湾投资。截至 2015 年 6 月，厦门累计批准赴台投资项目 32 个，投资总额 2.17 亿美元。

第二，两岸新兴产业和现代服务业合作示范区正在落地。首先，与时俱进地推进相关制度建设，正式公布并施行《厦门经济特区两岸新兴产业和现代服务业合作示范区条例》。目前，厦门已

---

① 两岸经贸合作最紧密区域、两岸交流交往最活跃平台、两岸直接往来最便捷通道、两岸同胞融合最温馨家园。

成立市主要领导担任双组长的开发建设领导小组，并且建立相应的会议制度；市编办正式出文同意成立示范区管理局，正抓紧组建机构班子。其次，推进落实项目建设，已完成规划展示报建中心主体框架施工，办公区域开始进行内部装修，水泵房结构施工完毕。

第三，两岸区域性金融服务中心建设提速。首先，大力引进两岸特色金融机构。2014 年，厦门启动对台人民币现钞调运业务；海西首家两岸合资的证券基金投资管理公司——圆信永丰基金管理公司成立，并发行了第一只公募基金——圆信永丰纯债债券型证券投资基金。2015 年，台湾第一银行厦门分行正式开业，为厦门市辖内首家台资银行；中国信托商业银行在厦设立分行的申请已经台湾金融监管当局批准；台湾中信银行厦门分行正在筹备中。其次，开展人民币清算和现钞业务。"跨海峡人民币结算代理清算群"规模进一步扩大，截至 2015 年 5 月，已有 63 对厦门地区银行和境外银行签订代理清算协议，其中台湾地区代理清算账户 39 个，办理对台人民币清算 367 亿元，总量占全省 4/5，占全国近 1/10。初步在厦建成集货币清算、现钞调运与反假币于一体的两岸货币业务合作支点。最后，大力开展两岸保险业合作。第七届海峡金融论坛期间，市金融办与台湾保险事业发展中心共同主办"海峡两岸保险业合作专业论坛"，两岸 30 多家保险机构共同研讨提出在厦打造巨灾保险、再险、共保和台湾等境外保险资金回流使用的两岸保险业合作支点，标志"两岸保险业合作平台"建设正式启动。

第四，两岸贸易中心建设成效显著。首先，大力推动项目工程建设。项目一期已建成，入驻率达 100%。项目二期预计 2016 年 12 月竣工验收。其中，二期的国际进口商品展示平台已封顶，2015 年底投用。其次，大力推动海运快件和跨境电子商务发展。

厦门已全面放开厦台海运快件承运船舶和停靠码头,海关已完成相关码头电子关锁建设,海运快件个人物品通关系统已完成部署并上线运行。两岸跨境电子商务进展顺利,嘉晟公司对接海关总署出口统一版上线运行正常;国税部门已同意为跨境电商出口退税提供绿色通道优先办理;象屿成大、DHL 敦豪快递已完成对接上线运行;产业园完成电子关锁建设及运载车辆备案;跨境进口直购平台进入实质部署及设备联调阶段。

第五,福建自贸试验区厦门片区的建设成绩明显。2015 年 4 月 21 日,福建自贸试验区揭牌成立,厦门片区是其中面积最大、基础最好的片区。厦门片区充分发挥对台特色,在对台合作方面推出很多创新举措。对台湾输大陆食品采取"源头管理、结果采信、抽查验放"的检验监管新模式,推动两岸海运快件业务常态化,推动实现台湾车辆大陆自驾游、创新对台船舶登记制度等为促进两岸货物、人员往来提供更加便利条件;通过推动厦门片区内 2 家银行与 8 家企业开展跨境人民币双向资金池业务,台湾富邦银行在内的 6 家银行、10 家企业合作开展跨境人民币贷款业务等措施推进两岸金融业务创新;通过与亚马逊签署战略合作备忘录,推动亚马逊"台湾馆"上线等方式力促两岸跨境电子商务发展。

2. 建设两岸直接往来综合枢纽

充分发挥在厦金"小三通"、厦台"大三通"方面的区位优势和国家赋予的政策优势,敢行敢试,口岸管理服务体制机制不断创新,两岸人员往来和货物流通的效率、水平不断提升。

第一,拓展提升厦台"大三通"。首先,不断优化空中通道。厦门航空公司与台湾华信航空公司、复兴航空公司签订合作协议航班共享代号,航班资源得到有效整合;中国货运航空公司正式开通两岸直航全货运航线，货运吞吐量大大提升；厦航飞台湾航班增至每周 68 班，旅客经厦门往返两岸更加便捷。其次，不断优化海上通道。实施电讯检疫制度，开辟"中远之星"客货滚装船对台小件货物拼箱业务，大幅提高大陆货物在台湾市场的反应速度和成本竞争力。厦门港口管理局与交通运输部东海航海保障中心共同签署战略合作框架协议，双方将共同推进台湾海峡航行保障工作。最后，加快推进两岸直接通邮和海运快件业务。推出两岸速递业务，开通海峡两岸海运快件（厦门—基隆、厦门—台中）业务，通过客货滚装船运载快件迈入双向运营阶段。2015 年 6 月 30 日，台北港至厦门港首批海运快件运抵厦门，启动厦台海运快件专区运营对接；7 月 2 日，海运快件由厦门港直航台北港，完成双向对接，进一步夯实厦门构建东南国际快件及跨境电商货物转运中心的基础。

第二，优化完善厦金"小三通"。首先，厦门完善旅客通关设施，提升两岸往来便利性。启用五通码头新候船楼，完成五通客运码头二期扩建工程，启用新出境通关大厅，提高了旅客通关效率，提升了码头通行能力。规划建设五通客运码头三期候船楼，已完成装机工程，预计 2016 年 12 月建成。其次，优化整合航线航班，提高航线航班的运营、使用效率。增开客航班次，开通厦金海上客运直航双向夜航，推动"讯安轮"作为厦金航线的常态化备用船，保障航班正常运作效率，增强对台运输竞争力。实现了航程减半、航时减半、航班优化、票价优惠、旅客增加等综合成效，促进了厦金"一日生活圈"的形成。自 2015 年 3 月 30 日起，经金门中转海运快件形成每周二、周五共 2 班的固定运营，两岸海运快件进入常态化运作新阶段，为下一阶段推动厦金出口航线、厦台直航航线的常态化运作奠定了基础。最后，加强航行安全管理，稳步提高两岸通航的安全质量。厦门海事局对厦金航线客船进行全面体检,确保船舶"零缺陷"投入运营。厦门海事局、公安边防、海洋与渔业、港口管理等海上执法部门,对厦金航线及锚地等重点水域进行全面巡查,确保厦金航线通航安全。

第三,全面推动厦台双向旅游。厦门率先相继启动了省外来厦暂住人员赴金门旅游、厦门市居民赴台湾地区个人旅游、福建居民赴金马澎地区个人旅游。连续成功举办了十一届"海峡旅游博览会",2015年第十一届旅博会期间召开了"两岸乡村旅游圆桌会议",并签署《两岸乡村旅游产业发展厦门共识》。率先成立了海峡两岸旅游人才(厦门)培训基地,以培训基地为平台,深化两岸旅游人才交流合作。积极推动和引进台资旅行社落户厦门市自贸区,目前已与台湾最大旅游集团雄狮集团签订战略合作协议,力争雄狮(福建)国际旅行社成为全国第一家经营大陆居民赴台游的台资旅行社。

第四,加快推进东南国际航运中心建设。首先,大力推动项目工程建设。东南国际航运中心总部大厦建设项目持续推进,远海自动化码头也已经初步建成并投入运行。2013年3月,厦门港口管理局与上海航交所签约,正式开展厦门口岸航运市场规范协调和指数开发工作,共同编制发布海峡两岸集装箱运价指数。2015年4月,东南国际航运中心核心港区划入福建自贸区厦门片区范围,结合自贸区建设加速发展。其次,积极推动台商以独资或控股方式参与航运物流、码头经营及相关服务业,2015年6月,《交通运输部关于在国家自由贸易试验区试点若干海运政策的公告》明确,经国务院交通运输主管部门批准,在自贸区设立的中外合资、合作企业可以经营公共国际船舶代理业务,外资股比放宽至51%;在自贸区设立的外商独资企业可以经营国际海运货物装卸、国际海运集装箱站和堆场业务。再次，积极创新对台船舶登记制度，吸引台湾船舶来厦登记，制定并修改完善《对台船舶登记制度创新方案》。最后，大力推动新航线建设，刘五店航道（金门段）正在进行相关费用结算的审核，已将通航条件、水深情况与金门方面沟通。

3. 建设两岸交流重要基地

主动适应两岸关系新常态，凸显优势、创新载体、搭建平台，与台湾各界特别是台湾中小企业、中下阶层、中南部民众及青年的交流交往不断深化。

第一，着力构筑多层次对台交流渠道。首先，市、区两级基层政党交流初步机制化。厦门市积极推进厦门与台中、金门的基层政党交流工作，特别是以全面实施《综改方案》，充分发挥市、区两级基层政党交流平台主渠道作用，把基层政党交流与城市协作、产业对接、特色乡镇、民间信仰、姓氏宗亲、民俗文化等各领域、各界别、各层面的交流合作相结合，进一步增强了对台交流的合力。其次，市政府、市人大和市政协与台中市政府、议会交流常态化。推动厦门与台中两市政府，人大、政协和议会的交流互访，实现了多个交流领域的新突破。市人大、市政协领导也多次与台中市议会交流互访，并达成坚持和平发展、建立交流合作机制、鼓励两市交流合作等共识。率先实现了大陆地方人大、政协与台湾县市民意机构交流交往的突破。最后，厦台乡镇交流项目合作化。全市 38 个镇街全部与台湾乡镇建立了常态化交流机制，签订了一系列涉及农渔产品采购、民俗文化交流等各领域的交流合作协议和意向书。

第二，着力打造民间交流品牌。首先，搭建民间交流平台。

2009 年以来，两岸共同携手在厦门市成功举办了 7 届海峡论坛，是迄今为止规模最大、人数最多、台湾各界参与最广泛的两岸民间交流盛会。同时，厦门市重点打造闽南文化节、海峡两岸青年联欢节、海峡两岸婚庆旅游文化节、闽台姓氏族谱和涉台文物展暨宗亲恳亲会、厦金海峡横渡、海峡两岸帆船赛、两岸亲子夏令营等民间交流平台，促进两岸同胞情感融合。其次，推进民间信仰交流。目前，厦门市 6 个区均与台湾建立了民间信仰交流平台或常态化交流机制。比如思明区举办的"郑成功文化节"、湖里区举办的"福德文化节"、海沧区举办的"保生慈济文化节"、集美区举办的"端午龙舟赛"，同安区、翔安区的"黑脸妈祖"和"池王爷"民间信仰社团与台湾高雄市、台南市、彰化县等中南部的民间信众建立常态化交流机制。

第三，开展民间文化交流。首先，充分利用闽南文化优势和特色，开展与台湾，特别是台中市、台湾南部县市的民俗、宗教、文化、艺术交流。高莲升高甲戏剧团、翔安戏曲学校、小白鹭民间舞团等厦门市传统文化团体经常赴台演出。持续举办海峡两岸（厦门）文博会、海峡两岸民间艺术节、海峡两岸图书交易会等文化交流活动。其次，推进民间社团交流。2011 年 1 月，基隆市旅游联盟促进会在厦设立"基隆市驻厦门经贸文化办事处"，2012 年 11 月，大陆首家依法备案的台湾经贸社团代表机构——台中市海峡两岸经济发展协会厦门代表处在厦门市挂牌成立。目前，在厦门市备案的台湾经贸类社团代表机构已达 29 家。

第四，着力构筑多领域的交流渠道。首先，推进科技交流。厦门在全国率先设立了台湾学者创业园、台湾科技企业育成中心、闽台（厦门）花卉高科技园和"厦门—台北科技产业联盟"。此外，厦门市通过国家半导体照明产业化工程示范基地、火炬计划平板显示产业集群试点基地等载体，吸引台湾半导体照明企业和光电企业加快向厦门聚集。出台大陆首个聘用台湾高层次人才的实施办法——《厦门市台湾特聘专家制度暂行办法》，为开展对台人才工作提供有力的政策支持。其次，推进教育交流。目前在厦门大、中、小学校读书的台湾和金门学生有1300多人。从2007年起，每年在厦门与台湾轮流举办海峡两岸中小学校长论坛，还成功举办了两岸高校校长论坛，拓展大中小学、职业技术学校等各级各类学校与台湾的对口交流和校际协作。每年举办台湾地区专业人才暨大学毕业生大陆就业洽谈会，为台湾人才到大陆就业搭建了良好平台。目前，厦门市中小学和台湾、金门中小学已建立校际协作关系的共30对。最后，推进卫生交流。2011年市卫生局出台《关于进一步鼓励和引导社会资本举办医疗机构的实施意见》，鼓励拥有先进医疗技术和医疗机构管理经验的台湾医学院校、知名医药集团、知名医学专家等来厦投资创办医疗机构，提供高端医疗服务，目前在厦执业的台籍医师约350人。2014年10月，大陆首家台湾独资医院——厦门龙邦妇产医院奠基。厦门市中医药界与台湾工业技术研究院生物与医药技术研究所往来密切，"生医所"连续4年组团来厦参加"海峡中医药发展与合作研讨会"，并同厦门大学协商落实了一批具体的科研合作项目。

第五，着力简化人员往来手续。积极争取增加办理《大陆居民往来台湾通行证》"一年有效多次赴台签注"名额。在市委、市政府的高度重视和积极推动下，国台办同意在对现行政策调整前，在全国范围先行给予厦门市公务员办理《大陆居民往来台湾通行证》"一年有效多次赴台签注"。目前，国台办先后给予厦门市218

个办理《大陆居民往来台湾通行证》"一年有效多次赴台签注"名额，涉及经贸、金融、口岸、体育、旅游等对台交流合作的各个领域，有效地促进了厦门对台经贸、文化交流和人员往来。

4. 建设两岸同胞融合示范区

第一，着力建设两岸同胞的法治家园。首先，不断完善涉台法律法规。厦门中院涉台案件审判庭正式授牌，12 名台胞被聘任为厦门中院特邀调解员；全市涉台刑事、民事、行政案件将分别由海沧区法院和厦门中院涉台案件审判庭集中管辖；厦门中院在台商协会挂牌成立涉台司法服务站。厦门市检察院率先在大陆检察机关成立涉台湾地区案件办公室，对厦门市涉台刑事案件实行集中管辖的改革试点工作。厦门海事法院率先在大陆海事法院中选任、聘任台籍陪审员 11 名、涉台案件特邀调解员 7 名，主动邀请台商协会旁听开庭审理，提升纠纷化解的效果。市司法局统一涉台法援案件的受理与指派，只要符合援助标准的，统一由市法律援助中心受理、指派，并对涉台案件的办理实施全程专人监督制度，确保案件办理的高质高效。海沧区劳动争议仲裁院率先聘请 5 位台胞担任涉台劳动争议仲裁陪审调解员。成立大陆首个涉台专业基层法庭——海沧区人民法院涉台法庭，遴选 10 名台商担任人民陪审员，聘请 8 名台商、台胞成为首批涉台刑事案件缓刑考察员和涉台执行案件监督员。其次，依法维护台胞权益。依法依规开展台胞投诉件和求助件办理工作，2011 年至 2015 年 6 月，共受理台商投诉案件 159 件，协调解决 144 件，结案率 90.57%；受理台胞求助案件 906 件，妥善办结 856 件，结案率 94.48%，及时有效地维护了台胞的合法权益。

第二，着力建设两岸同胞的宜居家园。首先，为在厦台湾人才营造良好环境。成功举办了十届台湾专业人才厦门对接会，促进在厦台胞和在厦企业、在厦台企的双向对接。研究制定大陆首例《台湾特聘专家计划实施办法》，促进企事业单位聘用台湾人才工作，推进医学等领域的台湾人士专业职称评审试点工作，积极延揽台湾专才来厦发展；台湾特聘专家在厦期间享受出入境签证、换领驾照、人才住房、子女择校入学等优惠待遇。深化对台人力资源合作，推进对台人才交流合作区域性中心建设，兑现落实《厦门市建设区域性人才市场暂行办法》优惠政策；积极引进包括台湾在内的海内外知名人才服务机构入驻厦门；在自贸试验区内放宽人才中介服务准入条件，台湾籍工作人员在自贸试验区内享受国民待遇。积极为在厦台湾人才提供优质服务，依托人才中心为台湾人才提供包括驾照转换、出入境、就业证办理、台湾学历认证、人才住房政策申请等事项的咨询服务。其次，鼓励台湾青年来厦创业。根据省委、省政府关于鼓励和支持台湾青年来闽创业的相关工作部署，厦门市先后出台了《两岸青年创业创新创客基地建设工作方案》和《厦门市两岸青年创业创新创客基地扶持办法》。市台办牵头起草《厦门市人民政府关于贯彻落实〈福建省人民政府关于鼓励和支持台湾青年来闽创业就业的意见〉的实施意见》（共 12 条 25 款工作措施），从创业场所、资金、住房和证照办理、社会保障等方面对台湾青年在厦创业就业给予有力支持。2015 年 6 月 16 日，厦门两岸青年创业创新创客基地举行揭牌仪式。最后，为在厦生活台胞提供便利。促成台胞来厦后有关登记手续的减免，在厦居住生活的台湾居民于首次办理临时住宿登记后，一年内居住地没有变化的，可免办住宿登记，省去台湾居民每次入境后都要办理住宿登记的麻烦；来厦的台湾居民，在厦停留不超过 1 年，可根据需要申请 1 年多次来往签注，为在厦居住生活的台湾居民出入境提供便利。来厦投资、就业、置产、就学的台湾居民及其配偶或未成年子女，可以根据需要申请办理 5 年的居留签注。市车管所设在市台商协会的"台胞服务站"正式揭牌，台胞只需在台商协会内就能"一站式"完成大陆驾驶证的换证。思明区台胞驿站揭牌，为台胞搭建一个联络感情、增进互信、共创事业的交流互动平台。

第三，着力建设两岸同胞的温馨家园。首先，深化两岸社区交流合作。鼓励常住厦门台胞融入社区生活，参与社区服务。从 2014 年起，成功举办两届海峡两岸社区治理论坛，促成厦门市 18 个社区与台湾社区（村里）结对子共建。其次，鼓励台企转型升级。加强推动台资企业自主创新，通过实施市级企业技术改造专项计划、企业技术创新和产学研合作专项计划，支持台资企业技术改造、技术创新、产学研合作、企业技术中心创新能力建设以及新产品开发等。目前，已支持 7 家台资企业技术创新项目，计划支持资金 385 万元，首次计划拨付 240 万元。帮助在厦台资中小企业拓宽融资渠道，支持银行业金融机构增加台资中小企业贷款，并享受本市中小企业贷款风险补偿政策。组织台企参与成长型中小微企业认定，对获得成长型中小微企业称号的台企给予专项发展资金扶持。最后，给予台胞市民待遇。促成在 8 所优质高中学校开办台生班，使台生择优质中小学校的愿望完全实现。促成市属各大医院出台台商享受专用通道等措施，并设立特需病房，满足台胞高层次的医疗保健需求；组织厦门市几家大医院先后与翔鹭石化、明达塑胶等多家大型台资企业签署"绿色通道"协议，遇到危急重症患者采取先予救治、后结算医疗费的做法。

四　厦门对台工作前景的综合展望

第一，随着 2016 "台湾大选"后民进党首次"全面执政"，两岸局势的不稳定因素增加，但两岸关系总体趋势不会发生根本性倒退。2016 年是大陆实施"十三五"规划的开局之年，也是"台湾大选"后民进党首次"全面执政"的第一年。这对两岸政治局势的未来走向必将产生影响。值得强调的是，ECFA（《两岸经济合作框架协议》）后续协商所签的《海峡两岸服务贸易协议》遭到反对，表明台湾内部对大陆持有偏见的势力很顽固。然而，随着大陆"一带一路"倡议的铺展实施以及区域经济一体化程度的不断提高，巩固和加强两岸合作与交流仍是台湾的主流民意。在此形势下，两岸政局大势将会朝着总体和谐的方向发展，即总体上有利于厦门推进深化对台经贸产业合作与民间文化交流交往。换而言之，继续深化两岸多领域交流、加强两岸同胞融合不但是台湾的主流民意，也是以蔡英文为首的民进党所不能忽视和无法悖逆的历史潮流。因此，虽然说民进党首次"全面执政"的确增加了两岸政局的不确定性，但两岸关系总体稳定的大势不会发生根本性倒退。此外，台湾当前的综合竞争力下行，作为市场主体的中小企业仍陷于金融危机引发的经济颓势困局中，亟须产业转移、合作找到突破口。如果台湾认真考虑两岸经贸、产业互动的利好条件，并反思"太阳花学运"造成两岸服贸协议延宕是削弱台湾贸易竞争力的关键因素，那么会形成要求尽快通过该协议的务实力量。此外，厦门在未来一段时期内应同时加强与台湾内部各地方之间的关系，将民间交流与官方交流相结合，在台湾内部"台独"势力可能膨胀的态势下，大胆先试先行，加强同台湾地区的地方性合作,有步骤有计划地通过深化厦金区域性合作,逐步发展与澎湖地区直至台湾本岛地方政府的合作与交流,提升厦门与台湾各城市跨境合作的深度与广度,落实和拓展厦门的对台支点功能。

第二,从厦门实施"一带一路"倡议的前景看,厦门构建对外开放新格局的目标是将对台工作支点城市和海上丝绸之路枢纽城市两个功能结合起来。厦门市提出的《关于贯彻落实建设丝绸之路经济带和21世纪海上丝绸之路战略的行动方案》旨在充分发挥厦门在融入21世纪海上丝绸之路中的口岸、贸易、投资、华侨华人、人文历史、民间交流等独特优势,通过在"一带一路"沿线重点国家、重点领域推动重点项目的实施,以点带面,不断创新合作机制,拓展合作领域,深入参与国际区域合作,不断推进投资环境国际化,打造美丽厦门开放型经济升级版。打造对台工作特区,加强区域认同和文化认同,以厦门作为福建省的发展龙头,带动整个福建省经济尽快达到东部沿海地区平均水平,将福建省赶超台湾作为两岸关系推动的基础,通过厦门与台湾的地方性合作促进台湾融入"一带一路"倡议之中,通过充分发挥厦门的枢纽和支点作用推动台湾融入亚洲区域经济合作分工体系之中。此外,"对台合作交流支点城市"与"海丝枢纽城市"两个功能的统一,意味着要突出战略的整体性、协同性,加强海丝区域认同和文化认同,带动台湾融入"海丝"建设和区域经济合作分工体系中,从而"撬动"两岸关系加速朝着和平发展、互利共荣、心灵契合的方向前进。

第三,从两岸经济合作的前景看,厦台经贸及产业合作将会得到进一步发展,但也要面对和克服一些新问题。两岸在"十二五"

期间签订了《两岸经济合作框架协议》（ECFA），[①] 这意味着在政策层面上为两岸经贸合作扫除了障碍，两岸经贸合作将会进入新的发展阶段，也将会进一步激活台商对大陆的投资热情。进而言之，伴随台湾制造业的转移，台湾生产制造服务业也会相应转移到大陆，尤其可以为在厦的台商群体提供服务产品。针对以上情况，ECFA 的远期效益能为拓展两岸经贸、产业合作交流创造诸多机会，厦门可以凭借自身对台工作的地缘优势条件和既有经济基础，进一步促进两地产业对接合作。此外，我们也应同时看到一旦两岸签订并实施 ECFA，厦门从前可以独享的部分政策优势将被其他地区"拉平"，那么如何在新条件下重新建立起自身对台政策优势，是厦门将来应重视的问题。此外，值得警醒的是，当前台资走向逐渐呈现"分流"结构，并且在厦台资逐渐出现"向境外转移的症候"。台湾目前产业转移方向仍以长江和珠江三角区为主，但我们也应看到在世界金融危机爆发后，台资逐渐加快向内陆和西部地区甚至是东南亚国家转移的步伐。值得警觉的是，目前在厦台资企业前往东南亚设厂的趋势逐渐明显，厦门对台资的吸引力似乎有所下降。这要求我们认真思考厦门在海丝产业链中的定位，从而应对台资产业转移问题。

第四，从打造两岸合作示范区的前景看，福建自贸试验区厦门片区的建立为厦门对台工作提供了战略性的新支点。厦门将会在福建自贸试验区厦门片区的现有基础上，积极同台湾携手，继续开展港口、物流、金融、新兴产业等合作，共同推动两地实现共赢发展。同时，增进台湾民众对福建特别是厦门的了解，把握"一带一路"发展良机。发挥经济特区对台交流合作先行先试作用，围

[①]　关于 ECAF 的具体内容请见后文附件。

绕提升两岸交流合作水平,大胆先行先试,力争对台交流合作取得新突破、创造新经验,建设两岸交流合作先行区。从目前的发展情况看,福建自贸试验区的厦门片区作用凸显,但有待解决一些新生的问题。虽然厦门片区同台湾开展多领域合作的总体态势良好,但是片区中的台资企业贷款难问题已经显现。例如,台湾第一银行贷款量不大,主要源于两岸企业征信系统尚无对接通道,无法查询在厦台企的信用情况。片区应通过政策创新推动厦门银行、第一银行和中信银行等金融机构的涉台贷款业务。

第五,从比较和借鉴欧盟一体化经验角度上看,厦门未来的对台工作应融入"海丝"沿线国家和地区一体化互动的大格局中。在欧洲一体化进程中,欧洲层面的人文建设,有力地强化了欧洲各国人民命运共同体的意识,增强了他们对于欧洲的认同,成为欧盟形成和发展中的重要驱动力量。厦门"一带一路"倡议的实施,将会带动以 21 世纪海上丝绸之路为纽带的厦、台以及"海丝"区域社会的协同建设。进而言之,"一带一路"倡议虽然在本质上不以欧盟那样的"一体化"为政治目标,但旨在厦、台和"海丝"区域社会的建设中逐步营造出"命运共同体"的意识氛围。因此,展望"一带一路"倡议下的对台工作,应当将"民心相通、凝聚共识"的"一带一路"倡议的核心要义同推动"两岸同胞心灵契合"的对台工作方向融合起来,并在此基础上梳理厦门、台湾以及"海丝"沿线国家所具备的统合性的历史人文资源,规划切实可行的交流项目,以此作为推进厦门对台工作的抓手,为"海丝"路上的两岸合作,开辟积极的新篇章。

第六,在统筹分析两岸关系新形势和厦门对台工作的综合前景的情况下,厦门作为对台工作的战略支点,应优先撬动的一个

"板块"是满足台湾中低收入人群和中小企业的经济诉求。根据台湾《远见》杂志日前公布的台湾民众生活压力调查，约半数的受访民众压力程度在中高度以上，约每 3 人就有 1 人对未来忧虑，生活负担及经济压力是台湾民众最大的压力源，其中失业、低薪议题最易触发压力。[①] 由此可见，台湾目前广大的中低收入人群或依靠中小企业为生的民众，急需找到经济或就业上的突破口以摆脱目前的生活负担和经济压力。针对这种情况，作为对台工作的前沿平台和战略支点的厦门，在进一步搭建对台产业、经贸合作和人员交往的平台过程中，就应重点为台湾的上述群体提供解决经济生活压力的手段和平台。

总之，厦门构建对外开放新格局的指导思想是坚持以国家构建全方位对外开放新格局整体战略为指导，以福建省和厦门市的"十三五"规划建议为基本蓝图，坚持服务国家改革开放整体格局、服务对台工作核心使命、服务福建省发展战略、服务厦门市经济社会发展的正确定位，坚持先行先试，积极进行体制机制创新，拓展对台合作领域，大力推进厦台区域性合作，不断丰富和提升美丽厦门对外开放的新格局，继而将厦门打造成为大陆对台工作的新高地，扮演好对台合作交流的支点城市的重要角色。

第二节　深化厦台产业对接　完善两岸经贸平台

厦门占据对台独特的区位优势，扮演着推动两岸合作交流的前

---

① 中共中央台湾工作办公室、国务院台湾事务办公室：《调查显示：台湾三分之一受访民众对未来忧虑》，http://www.gwytb.gov.cn/xuan/201507/t20150720_10292262.htm。

沿平台和战略支点的角色。它作为陆资赴台最活跃的地区之一,与台湾经济渊源颇深。台湾对大陆的产业转移呈现新特点,从单纯生产制造扩大到采购、生产管理、技术研发、销售售后等多个领域,从而带动对厦门金融、物流、商贸、咨询等服务行业的发展。

一 对台经贸产业合作的外部环境与前景

目前,两岸经济交流的外部环境在总体上有利于厦门进一步深化对台产业对接以及拓展对台经贸合作。

第一,台湾目前正深陷金融危机引发的经济颓势困局之中,尤其给作为台湾市场主体的中小企业的发展带来消极的外部影响,导致台湾自身的贸易综合竞争力已经下行。台北市进出口商业同业公会发布的《2015全球重要暨新兴市场贸易环境与发展潜力调查报告》显示,台湾在全球贸易综合竞争力评价排名继2014年掉出前10名之后,又由第12名退居至第14名,即排在了新加坡、美国、加拿大、澳大利亚、英国、德国、中国香港等国家和地区之后。具体言之,台湾虽然相比上年在贸易自由化方面有所进步,但在开展贸易的便捷度、难易度以及风险性水平等方面的名次下滑显著,导致整体排名后退。台湾要走出目前的困境,就应当认真回应大数据时代的网络技术产业新条件、文创产业经济崛起、清真贸易兴起和产业结构调整等,在考虑到两岸整体经贸、产业互动式、规模式发展的条件下展开整体思考和布局。① 毋庸置疑的是,2014年"太阳花学运"所造成的两岸服务贸易协议的延宕,正是造成严重削弱

---

① 《台湾外贸业者:大陆系最具价值及潜力贸易地区》,http://taiwan.huanqiu.com/roll/2015-01/5479541.html。

台湾的综合贸易竞争力的关键因素之一。对此，作为台湾市场主体力量的中小企业界及其政府当局不可能不进行反思，这势必会形成台岛内要求尽快通过两岸服贸协议的务实力量，这将在未来进一步推动两岸自由贸易协定进程，扩大文创贸易并且逐步完善两岸第三方支付机制等。

第二，展望未来一段时期，两岸经贸关系仍会小步伐推进，台资走向逐渐呈现"分流"结构。目前台湾是大陆的第七大贸易伙伴、第九大出口市场和第四大进口来源地，在未来一段时期内祖国大陆将继续成为台湾最大的贸易伙伴、出口市场和贸易顺差的来源地。因此，在两岸和平发展的大方向上，大陆将同台湾继续深化多种类型的合作，不断拓宽两岸共同市场平台，加大创新产业合作的形式和内容，逐步扩大两岸金融交往规模，并且先行先试不断突破两岸制度层面上的交往壁垒，探索两岸制度化交往的新模式。台湾目前的产业转移方向仍然以长江三角区和珠江三角区为主，但我们也应当看到在世界性金融危机爆发后，台资逐渐加快向祖国大陆和西部地区转移的步伐。进而言之，环渤海地区和西部三角地区（成都、西岸和重庆）将会成为台湾未来投资及其产业转移的关注点。

第三，厦门特区通过加快落实产业升级战略，为进一步吸引台资，特别是带动台湾中小企业，提供了具有可持续发展能力的产业合作基础。根据《中共厦门市委、厦门市人民政府关于贯彻落实〈中共福建省委、福建省人民政府关于进一步加快产业转型升级的若干意见〉的实施意见》、《中共厦门市委、厦门市人民政府关于打造国际一流营商环境的意见》以及《厦门市实施"中国制造2025"行动计划》等政策性文件，厦门市政府审议并通过以加快产业转型升级为落脚点，加快发展先进制造业，大力发展现代服务业，优化提升传统产业，着力培育战略性新兴产业，做优做精现代都市农业。换而言之，厦门特区要通过营商环境的建设，推动一、二、三产业创新性、融合性以及绿色生态型的发展，进一步做优增量、提升存量、做大总量，力争到 2020 年全市工业总产值和服务业总收入均突破 1 万亿元，使厦门成为海峡西岸强大的先进制造业基地和最具竞争力的现代服务业集聚区，不但成为全省产业转型升级的先行市，而且成为对台湾展现大陆先进产业结构和优秀营商环境的示范城市。

第四，针对上述发展环境或前景，台湾也正努力推进建设"自由经济示范区"，同时两岸也开始借着历史潮流推进自由贸易区的对接与合作。台湾自 2013 年初开始提出建设"六海一空一园区"的"自由经济示范区"，希望借由物流、人流、资金流、信息流及知识流的法规松绑，将自由贸易范围推广到全台湾，使台湾成为"自由贸易岛"。台湾大力推进"自由经济示范区"的进程，其用意在于为台湾经济转型升级提供动力。台湾看中的是祖国大陆的广大市场，希望利用大陆市场"借船出海"——促进台湾经济转型升级，希望利用"自由经济示范区"把台湾发展成为"亚洲门户"和"全球运筹中心"。厦门对此积极响应，2014 年 4 月 12 日海峡两岸经贸论坛的主题为"两岸自由贸易园区的合作与共赢"，两岸相关行业、企业代表以及专家学者等从不同角度描绘了以打造自贸区为核心的两岸经贸关系发展的新蓝图。①

---

① 《厦金合作构建自由贸易区对策建议》，载《推动转型发展　建设美丽厦门——厦门市"十三五"经济社会发展战略思考》，第 451 页。

第五，按照美丽厦门的发展理念，厦门将于"十三五"期间在生态、经济、政治、文化、社会等"五位一体"的维度上发力，计划在2021年建党100周年时将厦门建成美丽中国的典范城市，人均GDP达到或接近台湾同期水平，极大地发挥两岸交流的窗口示范作用。这种示范作用的具体落地，可以厦台绿色产业合作为基点。在今天的历史机遇和现实条件下，厦台两地完全可在各自对绿色生态产业的发展诉求和所具备的基础条件上，展开具有建设性的深度合作。一是台湾地区近年来面临巨大的环境资源压力，通过发展绿色产业而实现节能增效是其经济社会持续发展的必由之路。台湾自身能源供应中的进口能源占比高达95%以上，因此除了稳定能源供应的单一路径外，发展新能源和能源再利用技术产业，是台湾经济走出低谷、实现稳定发展的关键。实际上，台湾一直以来对风能、生物能等新能源开发与利用进行专项补助。例如，台湾"经济部"能源局下面的"绿色能源产业旭升方案"，是台湾地区"低碳施政"的重要环节，奠定了其"低碳家园愿景"的基础。从目前发展来看，台湾在确保能源供应安全、应对全球气候变化危机和本地区产业结构调整等诸多方面，正在积极探索发展一条绿色生态政治之路。二是厦门为实现其美丽厦门的发展目标，近年来在生态文明建设方面做出了积极的努力和探索，取得了"国家环境保护模范城市""国际花园城市""全国文明城市"三连冠等成绩，为铺平绿色产业发展道路奠定了良好基础。值得强调的是，厦门积极推动生态都市农业区的建设，大力发展东部生态廊带、现代都市农业示范基地及休闲生态旅游区等。例如，翔安区作为厦门生态文明建设的示范区，在"调整、集中、做强"的产业发展方针指导下，在工业园区内培育和统一管理众多高科技、无污染产业，形成产业集群，成功促进了公用设施产业化、污染治理统一化、土地利用集约等。

二 厦门对台产业合作及经贸往来的对策建议

在"一带一路"背景下，厦门推进对台产业合作以及经贸往来的新思路，应当强调厦门作为对台工作前沿平台、战略支点的优势同它作为海上丝绸之路核心区的优势相结合。厦门"一带一路"倡议所提出的经贸规划和产业布局对台湾中小企业而言是新机遇。在商品出口贸易层面上，为台湾商品出口提供"跳板"，将台湾纳入互利共赢"海丝"蓝图中，具体有以下几点建议。

第一，以厦台绿色产业合作为抓手，不但将美丽厦门建设同"十三五"规划强调的绿色生态建设统一起来，而且将对台交流合作的支点城市建设同厦台生态产业交流合作结合起来，努力打造对台合作支点城市和美丽中国示范城市的共赢平台。一是探索利用"海丝"平台，在开展与东盟国家的绿色产业合作的同时，吸引在环保产业领域具有优势地位的台湾绿色产业参与进来。厦门可通过"海丝"平台和"自贸区平台"开展形式多样、内容丰富的绿色产业文化节、相关产交会和高峰论坛等，多角度推动厦门绿色产业发展和台湾绿色产业向内地乃至更广泛的"海丝"区域融入，带动台湾相关产业资源进一步发展。此外，在配套政策上，视台商为内资企业，准予并鼓励台资企业在厦门投资或从事绿色生态产业。二是厦门可探索设立"厦台绿色发展基金"，为厦台绿色产业合作提供资金条件。厦门可以根据国家"十三五"规划建议，尝试设立专项绿色发展基金或资助项目计划，积极扶持有发展潜力的两岸合资的生态产业，将资金投向包括绿色清洁生产、传统制造业绿色改造、新能源和资源再利用技术研发等在内的两岸绿色产业合作形式。在资助两岸绿色产业合作和工艺技术联合研发的过程中，实现两岸生态、环保工艺技术的双向促进，推进厦台绿色产业的深度融合。三是应探索建立服务于两岸生态产业合作的绿色金融通道和平台。厦门可通过建立配合厦台绿色产业合作的绿色金融政策和相应制度安排，将社会资金引导到涉及环保、节能、新型能源等两岸绿色产业合作的发展项目中来。按照国家"十三五"规划，这种扶持厦台绿色产业合作的金融政策，应当统筹结合资金使用效率、环保目标以及两岸融合度等多重因素调控资金配置，成为一套能够避免系统性金融风险的"革命生产两不误"的专项金融政策体系。四是厦门自贸区应当与时俱进地补充和完善能够促进两岸绿色产业合作的制度体系。通过这种有针对性的自贸区制度建设，厦门自贸区将充分发挥对台合作支点区的作用，扮演两岸绿色产业合作示范区的角色。在这种制度安排下，厦门应给予台湾绿色产业以国民待遇，鼓励台资企业在厦门投资或从事绿色生态产业。五是厦门可积极利用厦台教育交流平台，宣传两岸共同生态安全理念，提高两岸生态产业合作意识。首先，厦门可在厦台现有教育交流的基础上，嵌入生态文明和绿色产业共享方面的教育形式；其次，可以通过加强两岸环境资源国情和生态价值观教育，逐渐培养两岸民众（尤其是青少年群体）共同的生态安全意识，间接增进厦台同胞的心灵契合度。

第二，厦门特区要实现"开放型经济升级版"的题中应有之义是强调吸纳台湾因素，这意味要在"海丝"战略实施过程中广泛吸收和联通台湾的产业资源。首先，厦门可以通过"海丝"平台来拓展和深化同台湾的产业合作领域，借助"海丝"的纽带来联动式地发展两岸关系。其次，积极整合"海丝"战略平台同厦门自贸区的资源优势，通过项目协同和联动来强化释放对台红利，共同促进两岸之间多层面的交往，不仅为台商提供便利措施，而且为台湾年轻人创造更多就业机会。最后，应当进一步引导台商投资厦门的高科技与新兴产业，逐步开放市政公用事业市场，开放建设投资市场和公共设施建设市场。推动在厦门的台资企业转型升级、做大做强，为厦台产业对接奠定基础，并发挥良好的示范效应。

第三，厦门应充分利用"开放型经济升级版"所提供的创新型产业平台，开展对台青年的工作。首先，台湾年轻"创客"（maker）以及他们最新孵化的科技成果可以借助厦门"海丝"平台同厦门乃至更多大陆省份、城市的科研和市场相结合，为他们的就业和成长创造更多机会，并产生潜在的巨大商机。其次，利用厦门在服务外包、动漫产业和软件开发等方面的优势，同台湾本土动漫、游戏软件开发等产业资源展开充分合作，推动相关服务贸易对"一带一路"沿线国家和地区出口，带动台湾从事相关产业的中小企业的发展。

第四，厦门应进一步完善厦台产业对接的载体平台的建设，不断创新厦台交流合作机制。首先，创设厦台产业对接促进机构，统一对接规划制定和优惠政策的标准。其次，扩大厦台之间行业协会、非政府组织之间的沟通和交流，充分利用和发挥相关产业中介组织在协调厦台产业对接中的关键媒介作用。尤其是在"海丝"平台的建设中，积极调动和整合厦门台商协会的力量，注重台商协会联谊会的参与，利用联谊会的网络发挥资源整合的重要作用。再次，进一步明确差异对接的重点领域，集中优势资源深化重点对接项目。最后，支持台湾企业、高校科研院所等在厦独立或联合建立重点实验室、成果转移中心等科技研发和中介服务机构。

　　第五，通过鼓励技术创新以及开拓生产性服务贸易的平台和示范基地，推进有海峡特色的服务出口，重点培育附加值高的服务贸易，优化服务贸易的结构。首先，根据《厦门市"十三五"经济社会发展思路研究》提供的规划路线，厦门不妨大胆先行先试，学习参照内地和香港的 CEPA（Closer Economic Partnership Arrangement，即《关于建立更紧密经贸关系的安排》）① 及其各项补充协议的相关规定，对台商来厦门从事服务业方面（包括金融

① CEPA（Closer Economic Partnership Arrangement），即《关于建立更紧密经贸关系的安排》的英文简称。包括中央政府与香港特区政府签署的《内地与香港关于建立更紧密经贸关系的安排》、中央政府与澳门特区政府签署的《内地与澳门关于建立更紧密经贸关系的安排》。《内地与香港关于建立更紧密经贸关系安排》由中央政府与香港特区政府于 2003 年 6 月 29 日正式签署。其主要内容包括三方面：①两地实现货物贸易零关税；②扩大服务贸易市场准入；③实行贸易投资便利化。即从 2004 年 1 月 1 日起，273 个内地税目涵盖的香港产品（涉及食品、药品、纺织品、电子产品等），符合原产地规则进入内地时，可享受零关税优惠；对香港扩大服务贸易市场准入，涉及的行业包括诸如管理咨询服务、会展服务、广告服务、会计服务、建筑及房地产、医疗及牙医、分销服务、物流等七个部门；关于投资便利，规定内地将在通关及电子商务等七个领域简化手续以便香港资金更加自由地进入内地。2004 年以来，双方陆续签署了多个补充协议，这是 CEPA 开放性的具体体现。《内地与澳门关于建立更紧密经贸关系的安排》由中央政府与澳门特区政府于 2003 年 10 月 17 日正式签署。自 2004 年 1 月 1 日起，澳门 273 项商品零关税进入内地市场，并在 2006 年之前所有澳门商品享有零关税待遇；内地对澳门 18 个服务性行业实行准入；此外，内地与澳门将在七个领域加强合作。主要框架包括三大方面，一是货物贸易；二是服务贸易；三是贸易投资便利化。在货物贸易方面，根据两地货物贸易和海关监管的实际，内地对澳门原产地的货物，分两批实行零关税。第一，从 2004 年 1 月 1 日开始，将对澳门有较大实际利益的 273 个税务商品，包括部分化工产品、纸制品、纺织服装、首饰制品、医药产品、食品、电子及电制产品等作为首批降税的产品，实行零关税。第二，从 2006 年 1 月 1 日起，所有原产澳门的货物均可获内地零关税政策。服务贸易方面，涉及的服务业领域有：管理咨询、会议及展览、广告、会计、法律、仓储、医疗及牙医、物流、货物运输代理服务、分销、运输、旅游、建筑、视听、银行、保险、证券、电讯等 18 个行业。贸易投资便利化方面，包括七个领域的合作：①投资促进；②通关便利化；③商品检验检疫、食品安全、质量标准；④电子商务；⑤法律法规透明度；⑥中小企业合作；⑦产业合作。内地与澳门将加强上述七大领域的合作，同时双方还明确在金融和旅游的合作内容，加快对专业人员资格的相互承认的磋商。

业与非金融服务业),采取较 ECFA 更宽松的准入领域和门槛,即进一步采取降低准入条件、取消股权限制、简化报批程序等政策措施。其次,在推进上述两岸服务贸易平台和示范基地的建设过程中,厦门应当充分利用中国－东盟自贸区优惠关税政策,探索和落实台湾商品经厦门口岸进入厦门和周边,经过精加工出口东盟的模式。

第六,为拉动处于经贸综合竞争力下行的台湾市场,尤其为惠及作为台湾市场主体的广大中小企业群体,厦门应当加快福建自贸试验区厦门片区的建设工作,继续加深对台开放程度。首先,厦门可在 ECFA 框架下优先对台资企业放宽市场准入,在发展海洋渔业科技项目合作的基础上,开拓探索将项目合作的成果惠及台湾渔业,扩大台湾渔民的参与面。其次,在将福建自贸区厦门片区(以下简称"厦门片区")纳入"海丝"倡议的前提下,推进自贸区建设不但是从一般意义上为两岸经贸发展提供便利,而且要侧重为台湾年轻人(尤其是"后解严世代")创造就业和创业的机会。最后,厦门片区应当学习和引入福建自贸试验区其他片区的对台优惠政策经验,例如台湾建筑师可以在自贸区内开展业务,等等。①

第七,厦门应先行先试,推动促进同金门在多领域展开区域性合作,"厦金区域合作框架"及其明细方案应当尽快落地。厦门与金门在经贸等方面的互补性较强,尤其是金门近年来也比较认同并尝试推动两地经贸等多领域的交流与合作。即使退而言之,发展"厦金自贸区"的恰当时机尚未到来,但涉及合作范围更广泛、合

---

① 福建省教育厅于 2014 年底发布《福建省对台招教引师项目指南》,这一政策除了旨在未来引进更多台湾全职教师外,还力争在闽台合作办学模式、高校教研合作及资源共享等方面实现新突破。

作内容更具弹性的厦金区域性合作的前景是十分光明的。从两岸经济深度融合发展的角度来看，以促进"厦金区域合作"为有力抓手，渐进酝酿形成和推动实现"厦金自贸区战略规划"的必要条件，继而实现"两岸同胞融合的最温馨家园"。厦金区域合作的扩大和发展，有利于促进厦门与金门的贸易、投资和金融等领域的深度合作，有利于促进厦门与金门产业合作体系的建立与发展，有利于拓宽对台经贸渠道，有利于海峡两岸和平统一事业的发展。

第八，充分发挥厦台"五缘"优势，加强厦台养老服务业合作。充分发挥台湾养老服务产业的人员、技术和管理理念优势，加强厦台养老服务产业的交流与合作。建立厦台养老服务机构交流合作的有效平台和长效机制，科学规划两岸老龄服务业合作的技术路线图，优先引进台湾养老服务和照料护理的产品。

第三节　深化厦台金融合作　扩大两岸金融服务

为厦台产业合作、经贸往来提供资金支持，离不开厦台金融业之间的密切合作，尤其通过建设两岸金融中心，实现强大的对台金融服务功能。这不是一般意义上的片区开发建设，而是要按照区域性金融中心发展规律，借鉴香港、台湾、上海等地的先进经验，突出对台特色，从明确两岸金融中心定位、完善金融服务管理机制、吸引金融机构入驻和引进金融人才等方方面面统筹推进。实际上，随着 2010 年 6 月海峡两岸经济合作框架协议（ECFA）的签署和海西经济区的发展，两岸金融业的合作取得了很大进展。例如，两岸金融机构共同出资设立厦门两岸股权交易中心、两岸合资证券投资基金管理公司，等等。此外，厦门与台湾多家银行建立人民币清算代理协议，人民币结算额增量居全国首位。总之，厦门正在集中力量建设两岸金融中心，旨在打造对台金融合作的一流平台。

一 厦台金融合作的环境和前景

第一，从整个亚太地区的经济环境来看，目前随着世界经济重心转移到亚太地区，厦门可利用这一利好环境进一步深化同台湾的金融合作，开拓更多的投资机会。并且，台湾的未来发展也将在某种程度上借助大陆金融基础设施来获得潜在投资机遇和商机。台湾自开展人民币业务以来，人民币在岛内持续受热捧。目前台湾已存有大量人民币，根据台湾货币政策主管部门最新公布的数据，截至2014年1月底，台湾人民币存款余额超过2000亿元，创历史新高。① 事实上，与厦门相隔不远的香港已经尝试同台湾共同开拓离岸人民币市场和进行证券方面的合作，希望借此提升港、台在大中华地区的竞争优势，创造双赢。因此，厦门在未来更应该充分利用好自身的"五缘"优势，发挥对台金融合作的前沿平台和战略支点作用。

第二，厦台银行及证券业的"互动模式"已经开启，将在未来稳步落实双方业务。首先，大陆银行已经与驻台机构业务联动，包括正在稳步拓宽与台资银行的业务合作渠道。例如，建行福建省分行与建行台北分行签订《跨境联动战略合作协议》，并为台北分行开立人民币清算账户。而农行福建省分行与台湾合作金库银行福州分行、土地银行上海分行、中小企业银行上海分行等3家台资银

---

① 《台湾人民币存款创新高》，中国日报网，http://www.chinadaily.com.cn/hqgj/jryw/2014-02-16/content_ 11220065.html。

行签署外币存放协议。其次，厦门创立的台湾金门银行不但作为大陆与台湾合资成立的银行样本，而且在"海丝"战略意义上是大中华区金融链的关键一环，能将厦门民众、台湾同胞和东南亚的广大侨胞的金融供需结合起来开展统筹服务。再次，台湾第一商业银行在厦筹建分行，作为该行在福建的首家分行，同时也是福建省首家台资银行。最后，在证券投资领域，2013 年底由厦门金圆投资集团旗下控股公司厦门国际信托与台湾永丰金控合资成立的圆信永丰基金管理有限公司正式获得中国证监会的成立批文，成为厦门和海西首家两岸合资的证券投资基金管理公司。

第三，厦台金融合作在未来的政策支持上前景良好。在国务院批准的《厦门市深化两岸交流合作综合配套改革试验总体方案》中，要求厦门"推动金融体制创新、产品创新和管理创新，扩大金融服务范围，加快建设辐射海西、服务两岸的区域性金融服务中心"，并给予厦门一系列特殊金融政策。① 作为首批经济特区和海峡两岸经济区的中心城市，同时还享有国务院授予的对外金融合作先行先试政策优惠，厦门应立足于自身的优势，借国家关于加快发展多层次资本市场的政策东风，充分利用自身拥有的巨大资本市场发展空间，在不断加快发展厦门资本市场规模的同时完善市场融资结构。

---

① 这 10 项特殊金融政策中的 5 项与资本市场发展相关：一是大陆对台金融合作的重大金融改革创新项目，厦门具备条件的优先安排厦门先行先试；二是鼓励内外资银行、证券、保险等各类金融机构和股权投资机构在厦门设立总部、资金运营中心、研发中心、外包中心或后台服务机构；三是重点支持新设综合类证券、证券投资基金、产业基金等紧缺性金融项目；四是支持厦门市国家级高新技术园区内的非上市股份有限公司进入全国性场外股权交易市场开展股份公开转让，探索建立服务非上市公众公司特别是台资企业的股权交易市场；五是研究持有台湾金融专业证照的人员在厦门从事金融服务业的支持政策，简化台湾金融业从业人员在厦门申请从业人员资格和取得执业资格的相关程序。

第四，厦台金融合作在未来的人力资源供给上将十分充足。首先，厦门市发展资本市场在人力资源培养和人才引进方面均具备一定的优势。在金融人才培养方面，厦门大学金融专业作为国家级重点学科，每年可培养近 300 名优秀的金融专业本科和研究生学生；有 90 年历史的集美大学财经学院每年也可培养约 150 名金融专业学生，而厦门理工学院也设有金融专业。其次，厦门在人才引进方面已经成为两岸合作交流最活跃的前沿平台，这为支持台湾金融从业者来厦工作，以及促进两岸金融人才的合作培养、交流与人力信息共享奠定了坚实基础。值得强调的是，台湾金融业在市场化、自由化、对外开放、国际接轨的时间和步伐等方面都比大陆早，其从业人员在金融创新和管理等方面具有丰富的实战经验，因而积极引进台湾金融人才可有效带动厦门资本市场发展。[①]

第五，从厦门台资企业和赴台企业的融资需求分析看，在赴大陆投资的台湾企业中，中小型企业占到 95% 以上，它们在大陆融资遇到困难。如表 6-1 所示，台湾银行机构为大陆台资企业提供的融资比重超过 60%，是大陆银行机构的 2 倍之多，台资企业在大陆融资困难的状态暴露无遗。厦门市现有 3 个台商投资区，分别是海沧、杏林、集美台商投资区，这是台商在大陆投资最密集的地区之一。2013 年全市台资工业企业实现产值 1456.4 亿元，占全市工业产值比重达到 31.1%。而据厦门市银监局统计，至 2013 年底全市共有台资企业 2149 家，但其中仅 469 家获得贷款支持，占台企数量的约 1/5；贷款余额共 144 亿元，仅占全市贷款余额的

---

① 《推动转型发展　建设美丽厦门——厦门"十三五"规划经济社会发展战略思考》，第 358 页。

2.5%，比重均较小，台资企业普遍反映在厦门融资比在台湾本土要困难。①

表6－1　大陆台资企业融资来源

单位：%

类型	台湾银行 DBU	台湾银行 OBU	大陆银行	外资银行	其他机构	合计
长三角	18.8	13.3	19.1	6.4	1.0	58.6
非长三角	21.1	8.6	8.4	2.0	1.3	41.4
合计	39.9	21.9	27.5	8.4	2.3	100

注：DBU：台湾境内外汇业务银行单位；OBU：台湾境外金融业务单位。

资料来源：蔡慧瑞，《台商在大陆的融资研究》，（台湾）"国立"中山大学财务管理研究所硕士论文，2007。

二　厦门对台金融合作的对策建议

第一，厦门应着力发展建设两岸股权交易中心，打造成面向台湾中小企业的具有对台特色的股权交易市场。将厦门两岸股权交易中心建设成为具有对台特色的股权交易市场不仅可以深化两岸产业和金融合作，吸引台资企业——尤其是中小企业入驻厦门，也有利于改善海西区域内中小企业融资难的困境。首先，尝试搭建双层市场架构，设立台资企业板块。可借鉴台湾的经验，在厦门两岸股权交易中心设立成长板和新兴板两个层次的板块市场，并根据两类市场的不同定位设置相应的准入标准。② 其次，争取建立混合型做市商交易模式。两岸股权交易中心可在现有交易方式的

---

① 《推动转型发展　建设美丽厦门——厦门"十三五"规划经济社会发展战略思考》，第356页。
② 《推动转型发展　建设美丽厦门——厦门"十三五"规划经济社会发展战略思考》，第360页。

基础上，争取引入做市商制度，建立传统做市商交易模式和竞价交易模式相结合的混合型做市商交易模式，并且允许台湾的优质券商入场，充分利用台湾的相关资源和丰富经验，提高做市商的数量、资金实力和专业人才配备。再次，为保证市场公平有效地运行，两岸股权交易中心还需要建立相应的退市制度和转板机制等。最后，两岸股权交易市场的建立要严格监督管理，强化风险保障机制，对挂牌企业建立备案制，规范参与股权交易的主体，完善并且有效执行监督制度。

第二，厦门应当勇于先行先试，进一步推进两岸投资的自由化进程。首先，厦门特区应率先对台资企业开放《外商投资产业指导目录》中的一些限制性行业，降低台商投资的准入门槛。这方面可以参考 CEPA（即《内地与香港关于建立更紧密经贸关系的安排》）对港澳投资准入的行业与门槛。涉及国家产业政策持股比例要求的，可以放宽持股比例要求，并允许台资控股。其次，对台湾重要企业在厦门投资的项目审批，在有关规划、重大项目布局及项目审批、核准、备案等方面可给予政策倾斜；创新厦台交流合作机制。最后，如果厦金自由贸易区的战略设想能够落地的话，则在该自贸区的范围内大胆先行先试，允许人民币、台币和外币自由兑换，实现资金自由流通。

第三，进一步落实厦门银行①立足海峡两岸，服务台企、中小企业的明确定位，充分发挥其服务小微企业的经验优势，将相关服

---

① 厦门银行前身是成立于 1996 年 11 月的厦门市商业银行，2008 年成功引进台资控股的香港富邦银行作为战略投资者加盟，成为大陆首家具有台资参股的股份制商业银行，从此厦门银行与台北富邦银行、香港富邦银行开展银行间业务合作，充分利用与战略合作者信息共享之优势，为大陆台商、台湾及香港富邦银行客户在大陆分支机构提供融资、结算等全方位金融服务。

务半径扩展到台资中小企业。首先，厦门银行成立的新兴金融部作为先行先试参与两岸金融中心建设的重点工作，应继续针对中小微企业融资开展程序和内容创新，为台资客户提供一站式融资服务。其次，探索同国家一流智库联合建立"企业信用数据库"，以此为基础运用"信用风险评级表"等工具来评估企业，为在厦台企提供如免抵押贷款等优惠政策。再次，充分利用泉州分行同泉州台商协会战略合作的优势条件，进一步深化同泉州台企在资金、资源、技术等领域全方位合作，不断探索新的金融合作模式。最后，进一步丰富和提高资金"大三通"①的服务项目，依托两岸金融中心建设，更好地服务台商、台胞，为两岸经贸合作往来提供更便捷的金融服务。

总之，厦门应当加快推进两岸金融合作的步伐，在两岸货币清算、服务台商、台资中小企业融资等领域不断推动创新，成为两岸金融合作的先行者。

第四节　深化文化交流和人员往来　营造台胞融合的家园氛围

厦门作为海西重要的中心城市，充分发挥其与台湾的"五缘"（地缘、血缘、文缘、商缘、法缘）优势，对台工作前沿平台和战略支点的作用日渐凸显。

---

① 资金"大三通"是指以凤凰花理财卡为载体，可实现大陆地区跨行收款转账24小时实时到账；并且在台湾地区台北富邦银行ATM取款免手续费，汇率按当天中间价结算，没有买入卖出价差，厦门银行网上银行大陆地区跨行收款、跨行转账均免手续费；台湾地区往大陆人民币汇款，接收支取免手续费。

一 厦台文化交往、人员往来的前景

第一,从厦台文化交往关系在"海丝"战略结构中的位置上看,厦门可以借助建设 21 世纪海上丝绸之路的广泛文化交往来拉动对台文化交流工作。厦门作为中国建设 21 世纪海上丝绸之路中的人文交流的"支点",非常适合扮演中国同"海丝"沿线国家、地区的人文交流示范城市的角色。厦门既有独特的地理区位优势,又同"海丝"沿线国家间有往来密切的历史传统,这种联系可以为厦台文化交往提供一个更广阔的地缘背景,为两岸文化开展进一步文化交流提供更丰富的区域性文化互动资源。在上述地缘环境下,厦台之间要进一步深化文化交流以及营造两岸同胞的家园氛围,自然融入同"海丝"沿线国家、地区的文化交流之中,更要在此"海丝"文化圈下实现两岸同胞的心灵契合,进而强化两岸同胞的亲情纽带与文化往来。

第二,从厦门在"闽南文化圈"中的优势地位上看,它应在未来一段时期内增强以闽南文化为纽带的厦台社会认同,加强两岸互动。同时,厦门未来应继续发挥好"五缘"优势,密切两岸交流的亲情纽带,用地缘、血缘和文缘(妈祖文化、保生大帝信仰、五显大帝信仰等)纽带来整合两岸民众的文化情感,强化台湾同胞对祖国大陆的认同。课题组在调研中发现,台湾同胞对厦门开展的以中华民族传统节日为纽带,以两岸民间信仰和民风习俗活动为平台的两岸交往活动认可度很高,这意味着未来厦台文化交流的一个基本路径将是继续丰富两岸各类民俗文化活动的载体,进一步促进两岸民众交流和情感融合。换而言之,厦门今后的对台人文交流不仅要以"民心相通,凝聚共识"作为重要目标,更要突出"同根同源、两岸亲情"的战略定位，以实现巩固两岸亲情纽带，促进两岸同胞的心灵契合。

第三，从两岸加强青年交往以及教育合作的前景上看，祖国大陆近些年来正探索加强两岸的青年交往的平台路径，意在培养两岸具有共识的年轻一代。为建设这一青年交往交流平台，近些年来两岸高校之间已经开始学生交换、师资交流，加强合作研究，等等。因此，如何通过形式多样、内容丰富的措施加强两岸青年交往、培养共识、促进他们"共同成长"，是厦门今后对台青年工作的重点。

二　厦台文化交往、人员往来的对策建议

1. 积极打造厦台文化交流的大舞台

以闽南文化、中国传统文化以及两岸共同宗教文化为纽带，进一步创新党政领导、民间推动、社会参与和市场运作的对台文化交流机制，全面提升两岸文化体育、教育科研、医药卫生等方面的交流合作的水平和实际影响。

第一，厦门对台文化交流要加强平台建设。发挥厦门闽台文化产业园、闽南文化生态保护试验区的示范作用，建设一批两岸文化交流合作平台和文化产业基地，推动文化创意园与台湾文创部门的交流合作，共同开发以两岸文化互动为主题的文化创意产品。

第二，厦门对台文化交流应进一步拓展向台湾岛内的文化产品输入。厦门有关部门、市场运营机构应继续组织歌仔戏剧团等艺术团体赴台开展展演交流和互访商演，加强同岛内各地方的文化合作，拓展岛内文化市场，欢迎各种形式的文化交流和合作，进一步探索乡音乡情在岛内延伸拓展机制。

第三，厦门对台文化交流应加速推进两岸文化创意中心的建设。厦门应加快建成和充分发展海峡两岸影视总部基地以及两岸影视版权交易中心，积极支持厦台合拍电影电视，开展节目合作，扩大出版物版权贸易和厦门卫视等对台传输的覆盖面，推动更多优秀的厦门或大陆电视、影视作品能够在台湾播出，扩大台湾受众面，以拉近两岸同胞心灵距离。

第四，厦门对台文化交流工作还要继续推进既有的民间往来。在以保生慈济文化节、郑成功文化节等文化交流平台的基础上，进一步探索扩展或丰富南洋文化节和嘉庚论坛等文化交流面，充分挖掘利用佛教或民间信仰等两岸共通的宗教文化为平台，广泛拓展民间文化交流活动，润物细无声般地促进两岸同胞的心灵契合。

2. 积极营造两岸同胞心灵契合的温馨大家园

从"两岸一家亲，共圆中国梦"的理念出发，以推进"两岸同胞心灵契合"为目标，工作重点要面向台湾广大中低收入群体、中小企业，特别关注台湾"解严后世代"，继续拓展各类涉台交流平台，突出重点群体交流，增强台湾基层民众和青年对祖国大陆的认同感和归属感。

第一，厦台交流平台的建设要持续打出"青年牌"，继续推进厦台教育交流与合作。首先，厦门应继续扩大两岸青年联欢节、两岸高校青年创意创业邀请赛、两岸中小学夏令营等两岸青年交流活动的社会影响，加快建设两岸青年建设基地。其次，厦门应深化厦台教育交流合作。加快建设两岸教育交流与合作基地，不断提升两岸百名中小学校长论坛的品牌效应。推动设立厦台高等教育合作综合改革试验区，共建人才、技术和信息资源共享平台。最后，将厦台青年交流纳入"海丝"沿线国家、地区青年人的青年交流机制中，通过论坛、交流、比赛、培训等形式，加强互动、塑造共识。其中，开展面向两岸及"海丝"沿线国家、地区的青年培训项目，作为该机制运作的重要平台，可以分领域开展专业人才培训，涉及社会发展、国际贸易、国际关系与国际法等内容，旨在从不同层面培养厦门、台湾地区和"海丝"沿线国家和地区青年人之间的积极共识。

第二，围绕两岸交流平台建设，创新厦台交流合作机制。首先，厦门应当采取更加灵活开放的政策措施，全面提升厦台之间各领域交流合作的实效和水平，不断拓展海峡论坛的内容和形式。其次，以闽南文化为纽带，开展全方位、多层次、宽领域的文化交流合作，进一步拓展厦台文化交流活动的渠道和规模，打造海峡两岸文化产业对接与交流的平台。充分发挥现有对台科技、农业、新闻出版、会计等交流合作基地作用，全面推进厦台之间科技、教育、医疗卫生、体育等领域的交流合作。最后，争取国家有关部委、两岸协商机构及台湾行业协会等来厦设立办事机构，建设两岸事务重要协商地。积极争取国家知识产权局、中国气象局和国家新闻出版广电总局等部门来厦设立两岸交流合作基地。抓好台湾涉台驻厦代表机构备案管理工作。支持台湾科教文卫等领域的民间非营利性组织在厦门设立代表机构。加快推进海峡农业高新技术园提升、闽台中心渔港升级改造和对台渔业基地等的工程建设。

第三，推进厦台社区对接，建成两岸同胞融合示范区。首先，充分发挥厦门独有的"五缘"优势，推进厦门两岸同胞融合示范区的建设，建立健全涉台法规规章，依法保护台胞的正当权益，为台胞投资兴业、交流交往提供法律保障。在做好在厦台胞的服务工作的前提下，鼓励常住厦门台胞融入社区生活，参与社区服务。其次，在实现全市街镇同台湾乡镇对接的基础上，向社区基层延伸，积极拓展两岸村里社区治理和社区服务项目的交流合作，促进人员互访、组织互联、经验互通、政策互动，打造同胞融合的共同家园。

第四，继续推进台胞享有市民待遇的政策措施。首先，厦门应当先行先试，为在厦的台湾企业提供在产业扶持、科研补助、品牌建设、市场开拓等方面较内资企业更优惠的待遇。其次，厦门应进一步放宽在厦台胞的工作和定居条件，继续完善台胞在厦置产置业、办证、出行、就业、子女就学等方面的配套服务工作，不但使台胞在厦门享受同本市户籍人口同等待遇，而且以提供一站式服务为目标。再次，继续鼓励在厦台商、台湾专业人士和优秀人才依法参选担任人大代表或政协委员，加入厦门社团组织等。最后，厦门应当采取各种手段和措施吸引台湾青年到厦门工作，在赋予他们与大陆青年同等的待遇的同时为他们在厦门安家立业提供积极的政策支持，借以强化台湾"解严后世代"与祖国大陆的情感纽带。

3. 推进两岸交通枢纽建设，便捷直接人员往来

从航运交通来看，随着两岸航运枢纽建设的稳步推进和相关服务能力的逐渐增强，厦门代表海西地区承担起对台航运中枢的责任。推动贸易便利化。

第一，继续推进建设两岸直接往来的综合枢纽，拓展两岸直接往来的范围和层次，提高两岸直接往来管理和服务水平，争取率先试行更加便利两岸直接往来的措施，促进两岸人员、物资、信息流动。加强口岸大通关机制建设，推动厦台口岸的互联互通和信息共享，建立高效便捷的口岸管理机制。

第二，在现有"小三通"建设基础上，重点推动厦金通道的相关建设。首先，从一般性业务推进的层面上看，我们可以通过适时增加航班、增投运力，开通夜航等，吸引更多大陆居民和台湾民众循"小三通"往来两岸；其次，从推动厦金通道（厦金跨海通道工程）建设层面上看，我们应当成立针对该项目的厦、金通道工程的组织协调机构，建立推动项目进展的长效机制，并且应当打通相关渠道以敦促金门方面明确城市发展定位，保持相关政策的稳定性，以最终明确跨海通道的具体功能，继而确定该工程的具体建设方案。

第三，加快东南国际航运中心的建设步伐。首先，应在航运开放、客货滚装、口岸监管等方面先行先试，使相关业务措施尽快落地，产生实效；其次，加快作为多种运输方式的平台的集疏运体系体的建设，推动海空港联动，争取落实启运港退税专案；再次，应建立两岸的口岸部门的直接沟通渠道和互通机制；最后，要以厦门游轮产业实验区为载体，发展壮大海峡游轮产业，构建海峡游轮经济圈。

4. 完善涉台突发事件处理机制，提升应对能力

厦门应进一步完善涉台突发事件协同处理机制，使具备应对更大规模和社会影响的涉台突发事件的应急处理能力。厦门市早在2008 年就根据中央对台工作方针、政策和有关法规以及厦门市《突发公共事件总体应急预案》，制定出台了《厦门市涉台突发事件应急预案》，初步建立了厦门涉台突发事件处理机制，并且通过该机制协调相关单位力量，成功处理了漳州"5·23"交通事件和台湾复兴航空空难事故，从而积累了相关工作经验。厦门为进一步提升应对涉台突发事件的能力，应当不断完善应急处理机制，及时掌握应对涉台突发事件的主动权，具体应做到以下几点：一是不断巩固和完善市各级各部门应对涉台突发事件的配合机制，提升协同作战的能力；二是探索通过大数据技术和手段搜集统计涉台信息，分析其中蕴含的不稳定因素，做到源头预防，加大预警能力；三是加强台胞投诉求助受理工作的服务质量，建立相关工作的评估机制。总之，通过不断增强涉台突发事件的处理机制建设，可避免因处理不当造成的负面影响，不但可以有效确保厦门本地而且可以确保厦金海域的安全稳定。

附录　海峡两岸经济合作框架协议

序言

海峡两岸关系协会与财团法人海峡交流基金会遵循平等互惠、循序渐进的原则，达成加强海峡两岸经贸关系的意愿；

双方同意，本着世界贸易组织（WTO）基本原则，考虑双方的经济条件，逐步减少或消除彼此间的贸易和投资障碍，创造公平的贸易与投资环境；通过签署《海峡两岸经济合作框架协议》（以下简称本协议），进一步增进双方的贸易与投资关系，建立有利于两岸经济繁荣与发展的合作机制；

经协商，达成协议如下：

第一章　总则

第一条　目标

本协议目标为：

一、加强和增进双方之间的经济、贸易和投资合作。

二、促进双方货物和服务贸易进一步自由化，逐步建立公平、透明、便利的投资及其保障机制。

三、扩大经济合作领域，建立合作机制。

第二条　合作措施

双方同意，考虑双方的经济条件，采取包括但不限于以下措施，加强海峡两岸的经济交流与合作：

一、逐步减少或消除双方之间实质多数货物贸易的关税和非关税壁垒。

二、逐步减少或消除双方之间涵盖众多部门的服务贸易限制性措施。

三、提供投资保护，促进双向投资。

四、促进贸易投资便利化和产业交流与合作。

第二章　贸易与投资

第三条　货物贸易

一、双方同意，在本协议第七条规定的"货物贸易早期收获"基础上，不迟于本协议生效后六个月内就货物贸易协议展开磋商，并尽速完成。

二、货物贸易协议磋商内容包括但不限于：

（一）关税减让或消除模式；

（二）原产地规则；

（三）海关程序；

（四）非关税措施，包括但不限于技术性贸易壁垒（TBT）、卫生与植物卫生措施（SPS）；

（五）贸易救济措施，包括世界贸易组织《关于实施1994年关税与贸易总协定第六条的协定》、《补贴与反补贴措施协定》、《保障措施协定》规定的措施及适用于双方之间货物贸易的双方保障措施。

三、依据本条纳入货物贸易协议的产品应分为立即实现零关税产品、分阶段降税产品、例外或其他产品三类。

四、任何一方均可在货物贸易协议规定的关税减让承诺的基础上自主加速实施降税。

第四条　服务贸易

一、双方同意，在第八条规定的"服务贸易早期收获"基础上，不迟于本协议生效后六个月内就服务贸易协议展开磋商，并尽速完成。

二、服务贸易协议的磋商应致力于：

（一）逐步减少或消除双方之间涵盖众多部门的服务贸易限制性措施；

（二）继续扩展服务贸易的广度与深度；

（三）增进双方在服务贸易领域的合作。

三、任何一方均可在服务贸易协议规定的开放承诺的基础上自主加速开放或消除限制性措施。

第五条　投资

一、双方同意，在本协议生效后六个月内，针对本条第二款所述事项展开磋商，并尽速达成协议。

二、该协议包括但不限于以下事项：

（一）建立投资保障机制；

（二）提高投资相关规定的透明度；

（三）逐步减少双方相互投资的限制；

（四）促进投资便利化。

第三章　经济合作

第六条　经济合作

一、为强化并扩大本协议的效益，双方同意，加强包括但不限于以下合作：

（一）知识产权保护与合作；

（二）金融合作；

（三）贸易促进及贸易便利化；

（四）海关合作；

（五）电子商务合作；

（六）研究双方产业合作布局和重点领域，推动双方重大项目合作，协调解决双方产业合作中出现的问题；

（七）推动双方中小企业合作，提升中小企业竞争力；

（八）推动双方经贸社团互设办事机构。

二、双方应尽速针对本条合作事项的具体计划与内容展开协商。

第四章　早期收获

第七条　货物贸易早期收获

一、为加速实现本协议目标，双方同意对附件一所列产品实施早期收获计划，早期收获计划将于本协议生效后六个月内开始实施。

二、货物贸易早期收获计划的实施应遵循以下规定：

（一）双方应按照附件一列明的早期收获产品及降税安排实施降税；但双方各自对其他所有世界贸易组织成员普遍适用的非临时性进口关税税率较低时，则适用该税率；

（二）本协议附件一所列产品适用附件二所列临时原产地规则。依据该规则被认定为原产于一方的上述产品，另一方在进口时应给予优惠关税待遇；

（三）本协议附件一所列产品适用的临时贸易救济措施，是指本协议第三条第二款第五项所规定的措施，其中双方保障措施列入本协议附件三。

三、自双方根据本协议第三条达成的货物贸易协议生效之日起，本协议附件二中列明的临时原产地规则和本条第二款第三项规定的临时贸易救济措施规则应终止适用。

第八条　服务贸易早期收获

一、为加速实现本协议目标，双方同意对附件四所列服务贸易部门实施早期收获计划，早期收获计划应于本协议生效后尽速实施。

二、服务贸易早期收获计划的实施应遵循下列规定：

（一）一方应按照附件四列明的服务贸易早期收获部门及开放措施，对另一方的服务及服务提供者减少或消除实行的限制性措施；

（二）本协议附件四所列服务贸易部门及开放措施适用附件五规定的服务提供者定义；

（三）自双方根据本协议第四条达成的服务贸易协议生效之日起，本协议附件五规定的服务提供者定义应终止适用；

（四）若因实施服务贸易早期收获计划对一方的服务部门造成实质性负面影响，受影响的一方可要求与另一方磋商，寻求解决方案。

第五章　其他

第九条　例外

本协议的任何规定不得解释为妨碍一方采取或维持与世界贸易组织规则相一致的例外措施。

第十条　争端解决

一、双方应不迟于本协议生效后六个月内就建立适当的争端解决程序展开磋商，并尽速达成协议，以解决任何关于本协议解释、实施和适用的争端。

二、在本条第一款所指的争端解决协议生效前，任何关于本协议解释、实施和适用的争端，应由双方通过协商解决，或由根据本协议第十一条设立的"两岸经济合作委员会"以适当方式加以解决。

第十一条　机构安排

一、双方成立"两岸经济合作委员会"（以下简称委员会）。委员会由双方指定的代表组成，负责处理与本协议相关的事宜，包括但不限于：

（一）完成为落实本协议目标所必需的磋商；

（二）监督并评估本协议的执行；

（三）解释本协议的规定；

（四）通报重要经贸信息；

（五）根据本协议第十条规定，解决任何关于本协议解释、实施和适用的争端。

二、委员会可根据需要设立工作小组，处理特定领域中与本协议相关的事宜，并接受委员会监督。

三、委员会每半年召开一次例会，必要时经双方同意可召开临时会议。

四、与本协议相关的业务事宜由双方业务主管部门指定的联络人负责联络。

第十二条　文书格式

基于本协议所进行的业务联系，应使用双方商定的文书格式。

第十三条 附件及后续协议

本协议的附件及根据本协议签署的后续协议,构成本协议的一部分。

第十四条 修正

本协议修正,应经双方协商同意,并以书面形式确认。

第十五条 生效

本协议签署后,双方应各自完成相关程序并以书面通知另一方。本协议自双方均收到对方通知后次日起生效。

第十六条 终止

一、一方终止本协议应以书面通知另一方。双方应在终止通知发出之日起三十日内开始协商。如协商未能达成一致,则本协议自通知一方发出终止通知之日起第一百八十日终止。

二、本协议终止后三十日内,双方应就因本协议终止而产生的问题展开协商。

本协议于六月二十九日签署,一式四份,双方各执两份。四份文本中对应表述的不同用语所含意义相同,四份文本具有同等效力。

附件一 货物贸易早期收获产品清单及降税安排

附件二 适用于货物贸易早期收获产品的临时原产地规则

附件三 适用于货物贸易早期收获产品的双方保障措施

附件四 服务贸易早期收获部门及开放措施

附件五 适用于服务贸易早期收获部门及开放措施的服务提供者定义

海峡两岸关系协会　　　　　财团法人海峡交流基金会

会长　陈云林　　　　　　　　　　董事长　江丙坤

图书在版编目（CIP）数据

"一带一路"倡议下厦门全方位对外开放策略与路径 /
黄平等著 . －－北京：社会科学文献出版社，2016.10
　（中国社会科学院院际合作系列成果.厦门）
　ISBN 978 - 7 - 5097 - 8845 - 5

　Ⅰ.①一⋯　Ⅱ.①黄⋯　Ⅲ.①对外开放 - 策略 - 研究
- 厦门　Ⅳ.①F127.573

　中国版本图书馆 CIP 数据核字（2016）第 235244 号

· 中国社会科学院院际合作系列成果 · 厦门 ·

"一带一路"倡议下厦门全方位对外开放策略与路径

著　　者／黄　平　等

出 版 人／谢寿光
项目统筹／吴　敏
责任编辑／吴　敏　张　超

出　　版／社会科学文献出版社 · 皮书出版分社（010）59367127
　　　　　地址：北京市北三环中路甲 29 号院华龙大厦　邮编：100029
　　　　　网址：www.ssap.com.cn
发　　行／市场营销中心（010）59367081　59367018
印　　装／三河市尚艺印装有限公司

规　　格／开　本：787mm × 1092mm　1/16
　　　　　印　张：16.5　字　数：197 千字
版　　次／2016 年 10 月第 1 版　2016 年 10 月第 1 次印刷
书　　号／ISBN 978 - 7 - 5097 - 8845 - 5
定　　价／89.00 元

本书如有印装质量问题，请与读者服务中心（010 - 59367028）联系